西安交通大学"十四五"规划教材

现代搏击运动

XIANDAI BOJI YUNDONG

主编 陈善平 副主编 潘秀刚 洪 流

西安交通大学出版社
XI'AN JIAOTONG UNIVERSITY PRESS
国家一级出版社
全国百佳图书出版单位

U0719741

图书在版编目(CIP)数据

现代搏击运动 / 陈善平主编.— 西安：西安交通大学
出版社，2021.5(2022.7重印)
ISBN 978-7-5693-2127-2

Ⅰ.①现…　Ⅱ.①陈…　Ⅲ.①搏击-高等学校-教材
Ⅳ.①G852.4

中国版本图书馆 CIP 数据核字(2021)第 042505 号

书　　　名	现代搏击运动
主　　　编	陈善平
责任编辑	王建洪
责任校对	赵怀瀛
封面设计	任加盟
出版发行	西安交通大学出版社
	(西安市兴庆南路 1 号　邮政编码 710048)
网　　　址	http://www.xjtupress.com
电　　　话	(029)82668357　82667874(市场营销中心)
	(029)82668315(总编办)
传　　　真	(029)82668280
印　　　刷	陕西奇彩印务有限责任公司
开　　　本	787mm×1092mm　1/16　印张 13　字数 324 千字
版次印次	2021 年 5 月第 1 版　　2022 年 7 月第 2 次印刷
书　　　号	ISBN 978-7-5693-2127-2
定　　　价	39.80 元

发现印装质量问题,请与本社市场营销中心联系、调换。
订购热线:(029)82665248　(029)82667874
投稿热线:(029)82665379　QQ:793619240
读者信箱:xj_rwjg@126.com

编委会

主　编：陈善平

副主编：潘秀刚　洪　流

编　委：张斌南　吴玉静

　　　　姚明霞　宋绍鹏

前　言

中华武术,源远流长,是中国传统文化中的一颗璀璨的明珠,是中华民族在长期的实践中,逐步积累和丰富起来的一项宝贵的文化遗产。它经过不断的创新、提炼和发展,逐渐形成了包括各种拳械套路和对抗运动形式,并注重内外兼修的中国传统体育项目。它不仅具有强身健体、防身自卫、竞技比赛、表演娱乐、交流技艺、增进友谊、陶冶情操等作用,而且其独特的历史文化背景,非常有利于在教学活动中对学生实施传统文化教育、爱国主义教育和品德教育,是学校体育立德树人教育的有效载体。

在课程思政方针的指引下,结合西安交通大学武术系列课程教学改革发展的实际需要,我们对 2000 年编写的西安交通大学武术系列教材进行了改编。西安交通大学武术课程有着悠久的历史,在建校之初,武术社团就是学校最大的学生社团。在 20 世纪 90 年代初西安交通大学进行体育选项课程改革时,武术是最早开设的课程之一。在几位武术教师的共同努力下,武术选项课程在最初的初级拳术套路教学基础上,增加了武术散打和太极拳课程,二十四式简化太极拳作为西安交通大学目标教学课程,成为本科生的必学内容。特别是近二十年,为了加强传统文化教育和爱国主义教育,不断增加学生喜欢的武术内容,总共设置了十余项武术类体育选项课程和武术类选修课程。

本次教材编写在 2000 年教材版本的基础上增加了新开设课程的内容,同时根据西安交通大学武术类课程教学的实际需要,加入了武德教育、传统文化教育等内容。由于内容相对较多,为了方便学生学习和拓展相关知识,我们对教材进行了整合,将其分成两册。第一册《传统武术和健康》包含了大学体育课程中的长拳、太极拳、初级剑、射艺以及健身气功等内容,第二册《现代搏击运动》包含了大学体育课程中的拳击、散打、跆拳道、软式擒拿和太极推手等内容。

《现代搏击运动》由陈善平担任主编,潘秀刚、洪流担任副主编。参加编写人员及分工如下:第一、二章由陈善平编写,第三章由洪流编写,第四、五章由潘秀刚编写,第六章由潘秀刚、陈善平编写,全书由陈善平负责统稿。

本书的出版得到了西安交通大学"十四五"规划教材建设项目(重点项目)资助,得到了西安交通大学出版社的大力支持,谨致谢意。

限于编者水平,书中难免有不妥之处,衷心希望读者给我们提出宝贵的意见和建议,以便在后续修订中加以修改和完善。

编　者

2021 年 5 月

目 录

第一章　拳　击

拳击作为一种典型的西方技击项目,尽管它的技术较简单,但其比赛紧张、刺激,吸引了无数观众。同时,拳击技术具有很强的实用性和科学性。因此,拳击运动在世界各地得以广泛的开展。作为奥运会的一种竞技项目,拳击的发展过程和技术是非常值得我们研究和学习的。

第一节　拳击概述

一、拳击的起源

拳击运动源远流长,已有5000多年的历史。英国《大不列颠百科全书》中就有关于在幼发拉底与底格里斯两河流域发现公元前40世纪拳击活动遗迹的记载。拳击起源于人类产生之初的生产劳动,人类不断总结战争和同自然搏斗中的经验,逐渐把原始的生产劳动技能和保护生命财产的手段发展成为一种系统的搏击技术。早在公元前17世纪,古希腊的克生顿·海杰曲立达就写了一本有关拳击的书,这是世界上最早的拳击著作。

二、古代拳击运动

拳击是在公元前688年的第23届古奥林匹克运动会上被列入比赛项目的。由于当时人们的喜爱,它逐渐成为古奥林匹克运动会的重要比赛项目。从第41届古奥林匹克运动会(公元前616年)起,又增加了少年拳击比赛。

古代奥林匹克的拳击运动,直到它的中期,仍然是以锻炼身体为主的业余体育活动。这个时期的拳击手用柔软的皮革做成皮条缠在手和前臂上,以击倒或击伤对手为目的。到了后期,拳击就职业化、商业化了。尤其是古罗马时代,统治者及贵族为了寻求刺激,让拳击手将镶嵌着坚硬、锋利的铜扣的皮条缠在手上,两手还握着铅块或金属圆筒进行比赛。这样拳击比赛便演变到不胜即死的残酷地步,令人目不忍睹,结果给拳击运动带来了厄运。罗马皇帝接受了基督教神父的请求,在公元404年废止了拳击运动。从此,这项运动中止了1200年之久。

除古奥林匹克运动会外,人们还常在重大祭祀活动和节日期间举行盛大的拳击表演和竞赛。这个时期的拳击运动比较粗野,比赛时除了规定不准抓握外,没有其他限制。比赛是在没有绳圈的沙地上进行,也没有时间限制,竞争者要使对手失去战斗力,或把对方打得认输为止,否则,比赛将一直进行下去。比赛时,分成年和少年两组,不按体重分级。

三、现代拳击运动

现代拳击运动兴起于英国。16世纪,拳击传播到英国。18世纪,英国出现了有奖的拳击比赛。1719年,被称为现代拳击始祖的詹姆斯·菲格创立了世界上最早的拳击学校,成为培养拳击运动员的摇篮。拳击运动进一步向文明演变应归功于英国人约翰·布劳顿,他极力倡导拳击运动,为了防止伤残,他提倡成立拳击协会,使拳击比赛较为安全。布劳顿于1743年8月16日推出了世界上最早的职业拳击运动比赛规则,规定只允许击打腰带以上部位;一方倒地,另一方不准再继续攻击,被击倒者若在 30 秒内站不起来,则判失败;顶、撞、抓、咬以及击打肚脐以下部位的动作均为犯规。布劳顿为拳击运动所做的工作对拳击运动的健康发展起到了重要作用,后人称他为"拳击之父"。1867 年,在英国产生了装填羊毛的拳击手套,新式拳击手套的出现为现代拳击比赛奠定了坚实的基础。

随着拳击技术的进步和规则的完善,拳击从残酷野蛮的格斗演变成一项文明而有价值的体育运动。1904 年,在美国圣路易举行的第 3 届奥林匹克运动会上,拳击被列为正式比赛项目。从此,拳击这项极富魅力的对抗性竞赛跻身于世界体育之林。

现代拳击运动分为业余和职业两种不同性质的拳击运动。职业拳击手参加的拳击比赛是以谋生和获取金钱为目的。职业拳击运动员隶属于各拳击俱乐部,他们所参加的商业性拳击比赛活动的一切事宜,都必须由俱乐部的经纪人掌握安排。经纪人有权根据自己的需要随时解除契约,将拳手抛弃,而不顾运动员的利益。由于职业拳击的竞赛活动完全是商业性质的,所以国际业余拳击联合会明文规定:"职业拳击运动员不得参加业余拳击比赛,业余拳击运动员也不得参加职业拳击比赛。"业余拳击和职业拳击在比赛的方法、时间、服装、手套大小等方面均有区别。最明显的标志是职业拳击比赛时间长,一般一场比赛有 6(或 8、10、12、15)个回合;运动员赤裸上身进行比赛;所用手套小而薄,每只仅重 170.1 克;不戴头盔。由于这些特点,职业拳击比赛常发生伤害事故。

目前,世界上共有四大国际公认的职业拳击组织,它们是:世界拳击协会(World Boxing Association,WBA)、世界拳击理事会(World Boxing Council,WBC)、国际拳击联合会(The International Boxing Federation,IBF)和世界拳击组织(World Boxing Organization,WBO)。每年世界各地的各个级别的职业拳击比赛几乎都是由这四大组织举办的。每个组织都有 17 个级别(业余拳击分 11 个级别),每个级别因为有四个世界拳击组织,所以有四个世界冠军。职业运动员可以同时参加四个组织的比赛,获一个组织的冠军后再同其他组织的冠军进行拳王挑战的资格赛(重量级),获胜者才有资格向拳王挑战,挑战拳王获胜后为新拳王。

与职业拳击比赛不同,业余拳击完全是以锻炼身体、提高运动技术水平和增进友谊为宗旨。业余拳击比赛每场有 3 个回合;运动员的服装明显与职业拳击运动员不同,一般是穿背心进行比赛;按运动员体重级别使用两种规格型号的大而柔软的手套,67 公斤级以下的运动员使用每只重 227 克的手套,67 公斤级以上的运动员使用每只重 284 克的手套;允许戴头盔。业余拳击运动的最高比赛是奥林匹克运动会的拳击比赛,其他如世界业余拳击锦标赛、洲际比赛等,都属于国际业余拳击联合会组织的正规比赛。

四、我国的拳击运动

拳击是 20 世纪传入中国的,最初被称为"西洋拳"。1930 年,中央国术馆把拳击定为必修科目之一,1933 年在南京举行的第二届国术国考上,拳击分轻、中、重三个级别进行比赛。1936 年,我国曾派出代表参加在德国柏林举行的第 11 届奥运会拳击比赛。1948 年第 7 届全国运动会上,拳击被列为正式项目,分 8 个级别进行比赛。

20 世纪 50 年代,我国拳击运动也曾得到相应的开展,但 1959 年取消了拳击运动。1979 年,拳王阿里访华,当年年底,我国 20 世纪 50 年代的拳坛老将们自动组织起来,克服种种困难,在艰苦的条件下开始振兴我国拳击运动,于是,我国拳击运动得以迅速复苏。中止了 20 年的拳击运动,在国家投资很少的情况下,短期内得到发展,在全国各大城市建立了业余拳击训练基地。

1980年,我国允许拳击运动在一定范围内进行试验,且为正式恢复拳击运动做了大量的准备工作。1982年2月,时任国际业余拳击联合会秘书长安瓦尔·乔杜里应邀来我国北京体育学院(现北京体育大学)讲学。乔杜里先生说:"不能设想,一个没有十多亿中国人民参加的国际体育组织,称得上是真正的国际体育组织。"

1986年3月,我国正式恢复了拳击运动。1986年8月,国家体委陆续下发了《开展拳击运动暂行规定》《拳击活动的安全防护措施》《拳击竞赛管理办法》等文件。1986年11月,在上海体育学院举办了首届全国拳击教练员、裁判员学习班。1987年1月,在北京举行了恢复拳击运动后的第一次拳击比赛。1987年4月,中国拳击协会(Chinese Boxing Federation,CBF)正式成立,5月在南京举办了首届全国拳击锦标赛。1987年6月,中国拳击协会被国际业余拳击协会(International Amateur Boxing Association,IABA)正式接纳为第159个会员,中国业余拳击正式进入世界业余拳击的大家庭当中。

随着我国拳击运动水平的不断提高,近年来,我国拳击运动员在世界和洲际大赛上捷报频传。1988年在韩国汉城(现首尔)举办的第24届奥运会上,我国拳击运动员刘栋进入了前8名。1990年在北京举行的第11届亚运会上,我国运动员白崇光获得81公斤级拳击比赛冠军。在1993年亚洲拳击锦标赛上,我国运动员江涛获得91公斤级冠军。1993年在上海举行的第1届东亚运动会上,我国拳击运动员共获4枚金牌、4枚银牌、3枚铜牌。在1994年广岛亚运会上,我国拳击运动员获1银2铜。1994年在泰国曼谷举行的第7届世界杯拳击赛中,我国运动员单孝强获54公斤级第7名。在1995年亚洲锦标赛上,我国拳击运动员共获得4枚铜牌。在1997年第2届东亚运动会上,我国拳击运动员获得5银、5铜的好成绩。在1996年亚特兰大奥运会上,我国著名拳击运动员江涛获得了91公斤级拳击比赛的第5名。特别值得一提的是,在2004年雅典奥运会上,我国48公斤级选手邹市明获得了该级别第3名,这是当时我国拳击运动员有史以来在奥运会拳击比赛中取得的最好成绩。更振奋人心的是,继2004年的突出表现后,在2008年北京奥运会上,邹市明更是一举夺得奥运会金牌,实现了我国拳击史上的重大突破。这一成绩的取得,极大地鼓舞了我国拳击界的士气,为在今后的国际大赛中取得更好成绩树立了信心,也让人们看到了拳击运动在中国开展的前途。

第二节 拳击技术

一、基本站立姿势

(一)技术动作

从立正姿势开始,左脚向左侧跨一步,两脚距离同肩宽或稍窄于肩(图1-1)。

左脚向前一小步,上步后的左脚跟约在原来的左脚尖前3～4指宽处,左脚尖内扣约45°,右脚前脚掌着地,右脚跟翘起,左膝关节微屈(左腿近于伸直),右膝关节自然弯曲[图1-2(正面)、图1-3(右侧面)、图1-4(左侧面)]。

　　图1-1　　　　图1-2　　　　图1-3　　　　图1-4

　　身体右转45°,上体稍前倾,自然地含胸收腹,臀部略向内收。身体重心在左脚上,左脚要支持大部分体重(占体重的70%～80%)。这种身体斜对着对手的姿势,有利于发挥攻防技术,又可减少受击的面积,有很大的优越性。

　　两臂姿势:左臂弯曲举起,上臂与前臂的夹角要小于90°,左上臂与躯干左侧的夹角约成45°,左臂的肩、拳、肘三点距离相等。左拳高度略低于左眼睛,带拳套后,视线从左拳套上面看出去,以观察对手的动作。右臂弯曲,上臂与前臂靠拢,右上臂自然贴于右肋,右肘离开上体约1～2个指距。

　　(二)作用

　　(1)手臂、拳头、身体和头部完美组合,形成了自然的保护屏障。①左手臂位于身体正前方,左拳套的高度与眼睛高度持平,这样的姿势给对手前手的进攻制造了障碍,如果想绕过前手臂的防守来达到进攻的有效性,势必增加技战术安排。②后手臂紧靠身体的右侧,使头到腹部都得到了很好的保护,针对直拳的进攻,可以进行格挡或拍击防守;针对摆拳的进攻,可以进行格挡防守。③收紧的下颚完全把颈部埋藏在手臂和锁骨之间,避免了后手直拳的进攻。④平稳的重心、微微弯曲的膝关节非常利于脚步的起动,同时也为进攻拳的发力做好了准备。

　　(2)基本站立姿势是进攻、防守和反击技术运用的前提保障。①从拳击技术运用效果角度出发,每一次的进攻、防守和反击技术运用必须是从基本姿势的状态下发起的,这样既保障了出拳的速度和角度,又掩盖了进攻意图,不会给对手前兆。②对于防守来说,好的基本姿势同样为阻止对手进攻制造了第一道防守屏障。

二、基本步法

(一)前滑步

　　当向前移进时,右脚用力蹬地,左脚先向前滑进一步,要整个左脚掌擦地滑进,随之身体重心平稳前移,一般以不超过一个脚掌为宜。左脚刚滑停,右脚便迅速跟上,前脚掌也是擦地滑进,滑进距离和左脚上步距离相同,右脚滑进时,身体重心已在左脚上(图1-5、图1-6、图1-7)。

　　图1-5　　　　　图1-6　　　　　图1-7

（二）后滑步

当向后移动时，左脚用力蹬地，右脚先向后滑一步，左脚跟着迅速向后滑一步，身体重心仍在左脚上。其余动作均与前滑步动作相同，参见图1-5、图1-6、图1-7，但方向相反。

（三）向左横滑步

当向左移动时，右脚前脚掌内侧用力蹬地，左脚刚向左滑停，右脚便迅速跟上，身体重心在左脚上（图1-8、图1-9、图1-10）。

（四）向右横滑步

当向右移动时，左脚掌内侧用力蹬地，右脚前脚掌刚向右滑停，左脚便迅速跟上，身体重心在左脚上，参见图1-8、图1-9、图1-10，但方向相反。

图1-8 　　　　图1-9 　　　　图1-10

（五）滑步动作要领

滑步是在进攻或防守瞬间的前后、左右移动而采取的步法。它有3个基本要点：靠近前进方向一侧的脚要先移动；脚要沿着地面滑动；移动后要恢复到原来的站立姿势。滑步时，身体重心要平稳，重心勿超出支撑面。脚掌尽可能不离开地面，不可做跳跃步，两腿膝关节和大腿肌群自然放松。

三、进攻方法

（一）左直拳

拳击基本站立姿势站立。左脚快速蹬直（因左膝微屈，或者说左腿已近于伸直，故左脚蹬直动作极小），左髋关节向左前转动，左肩随左髋转动而向左前转动，并积极向前面的打击目标顶出。身体重心略前移。左臂随左肩向前转动而放松地向前直线伸直击出，在击到目标的一瞬间，左拳向内转45°～90°，拳头握紧（图1-11、图1-12），击打后迅速还原，右手臂保护自己的右侧。整个过程动作流畅、平稳，击打效果要有穿透性。左直拳俗称前手拳，是离对手最近的击打拳法，其动作突然性强，不仅能够较好控制对手的距离、破坏对手进攻节奏，而且可以扰乱对手阵脚，直接进攻得点。左直拳是用重拳打倒对方的开路先锋，是完成关键动作的向导，是争取胜利的基本技术动作之一。

图1-11 　　　图1-12 　　　图1-13 　　　图1-14

(二)右直拳

　　拳击基本站立姿势站立。右脚快速蹬地,身体重心迅速前移,右髋关节向前转动,右肩随髋转动而向前转动,并积极向前面的打击目标顶出。右臂随右肩向前转动而放松地向前直线伸直击出,在击到目标的一瞬间,右拳向内转 45°～90°,瞬间握紧拳头,左脚掌内扣,锁住由于左转带来的转动,上体呈交叉型(图 1-13、图 1-14),击结束后迅速还原。整个击打过程动作流畅、速度快、击打准确,上体保持正直。右手直拳又称后手拳,是主要得点拳法之一,工作距离远,击打力度大。一般情况下,后手直拳在没有时机时不能盲目出击,因为它不仅会消耗自己的体力,而且会暴露出明显的空当,给对方留下破绽。

　　直拳动作要点:直拳是最直接拳法,速度快、力量相对集中,属于重拳。在练习过程中,切记任何拳法的发力都来源于脚下的蹬转,并由下往上依次传递,以重心投影线为转动轴,最后通过手臂的加速击打目标,力达拳峰。击打过程中动作越流畅、协调,击打效果越明显。

(三)左摆拳

　　拳击基本站立姿势站立。左脚蹬地发力,左肩在腿、髋发力动作的同时向前压肩,左拳在左肩前按弧形路线向前击出,左臂稍弯曲,上臂与前臂的夹角小于 180°,左拳边打边转,在拳峰击到目标的一瞬间,拳头握紧,拳眼向下,左肘高于左拳(图 1-15)。打击后,左肘放松下落,迅速恢复成拳击基本站立姿势。右手臂放置体侧做好防守。

图 1-15　　　　　　　　图 1-16

(四)右摆拳

　　右摆拳和左摆拳的打击手型和动作路线相同,只是方向相反,动作幅度和力量更大(图 1-16)。

　　摆拳动作要点:摆拳是专门从侧面袭击对方的一种拳法。可以说,在摆拳运用时机把握准确的情况下,可以避开对手直线进攻,以摆拳从外侧反击,其威力并不逊于直拳。但摆拳的运动轨迹呈横短半弧形,击打路线长,容易被对手发觉而留下破绽。为提高摆拳的打击效果,肩部、手臂要放松,充分地利用向前和旋转的合力,通过拳峰部位表现出来。摆拳击打时,动作幅度根据对手距离可长可短,可上步击打也可原地击打,但应避免动作幅度过大,给对手反击或迎击的机会。摆拳击打时,要以身体中心线为击打目标,避免转动过多,失去平衡。摆拳击打时,多以直拳、摆拳及勾拳组合为宜,避免进攻单一,给对手留下可乘之机。

(五)左下平勾拳

　　拳击基本站立姿势站立。身体向左扭转,右肩略超过左肩,左膝关节和左髋关节弯曲,上体前倾。左前臂下落到与地面平行,左拳拳心反转向上,虎口向外,左肘肘尖位于左肋旁,同时右脚滑上半个脚掌距离,右脚尖点地,右膝弯曲度随之增大,两肩和手臂自然放松(图 1-17)。左脚用力蹬地,左腿积极伸直,左髋关节向前上猛力伸展,左肩积极向前转顶,左臂在左腿、左髋、左肩的发力动作之后参加击打,左肘随击打动作而离开左肋,左手握拳放松向前打出,在拳峰击到目标的一瞬间,拳头握紧(图 1-18、图 1-19)。

图1-17　　　　　图1-18　　　　　图1-19

(六)右下平勾拳

拳击基本站立姿势站立。身体重心后移至右腿上,右脚跟着地,右膝关节和右髋关节弯曲,上体前倾,左脚前掌内侧点地。在身体重心后移时,肩部角度及左臂保持不变,同时右前臂下落与地面平行,右拳拳心反转向上,虎口向外,右肘肘尖位于右肋旁,两肩和手臂自然放松(图1-20)。以左脚前掌内侧为支撑点,右脚蹬地,右髋关节开始转向击打方向,右脚掌擦地向前上步(与右直拳上步的要求相同),上步后,右脚继续用力蹬地,右髋关节向前上猛力伸展,肩轴随髋轴而转动,右肩由侧后面转为正面,并继续向前转出,右臂向前放松打出,右肘随击打动作而离开右肋,在拳峰击到目标的一瞬间,右拳握紧(图1-21、图1-22)。

图1-20　　　　　图1-21　　　　　图1-22

(七)左侧勾拳

拳击基本站立姿势站立。身体扭曲姿势与左下平勾拳基本相同,只是左臂的位置不同,在身体扭曲的同时,左上臂自然贴于左肋,左拳收于下颌左侧(图1-23)。左脚用力蹬地,左髋关节向左前转送。左脚边蹬,左髋关节边转边向前移动;左肩在腿、髋发力动作之后积极地向左前移动,同时迅速抬肘,拉开左肩肩角(左上臂与上体的夹角为左肩肩角),左上臂和左前臂的夹角略小于或等于90°,左拳在左肩前放松地由左向右击出,拳心向下,虎口对着面部。在拳峰击到目标的一瞬间,除左拳握紧外,左肘尖略高于左拳(图1-24、图1-25)。击打后,左肘放松下落,迅速恢复至拳击基本站立姿势。

图1-23　　　　　图1-24　　　　　图1-25

(八)右侧勾拳

拳击基本站立姿势站立。身体扭曲姿势与右下平勾拳基本相同,在身体重心后移时,两臂姿势保持不变;动作要领除右髋和右手击打手型与右下平勾拳不同外,其余动作基本相同(图1-26)。右手击打的手型参照左侧勾拳的击打手型,动作相同,方向相反(图1-27、图1-28)。

图1-26　　　　　　图1-27　　　　　　　　图1-28

勾拳动作要点:勾拳发力迅速急促,运动路线短,在近身格斗时是最常用的,也是最具威力的进攻方法。勾拳击打时,左脚蹬地,随之向右急速转体,利用整体旋转的力量带动手臂加速击打,手腕内屈,保持一定的穿透力。勾拳是近距离战中运用的拳法,勾拳击打时,积极借助身体移动时机发起进攻,可以起到事半功倍的效果。勾拳进攻时,要注意进攻对手同时的防守能力,把握攻防转换时机,且应避免盲目贴近对手,忽视对手迎击和反击。

四、防守方法

(一)阻挡

拳击基本站立姿势站立。右手位于下颌右侧,当对手击我头部时,我右手掌心反转向前,在下颌前约一拳距离处阻挡对手的来拳(图1-29)。阻挡时,右掌和身体适当后引,以缓冲打击力量,身体重心要稍落在右脚上,右肘不要离肋。

图1-29　　　　　　　　　　图1-30

(二)拍击

拳击基本站立姿势站立。右手位于下颌右侧,当对手左直拳击我头部时,我右手向左拍击对手左前臂外侧,拍击部位在手腕以上,同时右脚略向右侧或右前方滑半步,身体重心稍落在右脚上(图1-30)。拍击后,右手迅速弹回原处。右手向左拍击时,不要超过头部的范围,右肘不要离肋太远。

拍击动作要点:准确预判是成功运用拍击防守技术的前提。首先,身体自然放松,基本姿势规范;其次,精力集中,意识明确。发力顺序依然是由下往上,拍击动作幅度小,速拍速回位。拍击后的反击才是真正防守的目的,因此反击意识要强。

(三)躲闪

1.向侧躲闪

对手直拳击我头部时,等拳将到下颌,我头部先向前迎着左拳,然后头和上体迅速向左(或右)前做闪躲动作,使对手拳擦过耳朵而打空(图1－31),然后迅速站起还原。

图1－31　　　　　　　　　　　图1－32

2.下潜躲闪

对手摆拳击我头部时,等拳将到头部时,我头部先顺着摆拳缓冲,然后头和上体迅速向下前方做下潜动作,使对手拳擦头皮而打空(图1－32),然后迅速站起还原。

躲闪动作要点:躲闪防守是一种灵敏、高超的防守技术。熟练的躲闪在拳击防御技术体系中是上乘技术,也是现代拳击运动技术发展的趋势。高质量的躲闪动作细腻、敏捷,体现出艺术性。闪躲法使用得当,不但可消耗对方体力,还能使对方处于被动并且暴露防守上的漏洞。躲闪的动作要细腻,判断准确,控制在不被对手击中的距离范围之内,且躲闪距离不能过远。躲闪动作要简单、敏捷,最终目的是躲闪后的反击,优秀运动员多以摆拳和勾摆组合拳反击为主,以后手交叉直拳为辅。

五、实战中常用战术

(一)隐蔽战术

隐蔽战术是反映拳击运动员机智灵活、足智多谋的变化莫测的格斗艺术,它是在实战中不暴露自己的企图,使对手产生错觉,做出错误的判断,从而为自己的真正进攻创造有利条件,达到取胜的目的。声东击西、忽左忽右、指下打上、指上打下、意左形右、意右形左、似真似假等各种战术动作和意图,都是隐蔽战术。

(二)引诱战术

引诱战术也是制造假象,故意露出破绽,诱使对方先出手进攻,然后伺机打反击。对那些不愿主动出拳的对手,用佯攻或引诱的方法就可以使这些难题迎刃而解。见到我方有明显的空当,很少有人会不动心的,一旦对手中了圈套,主动出拳时,你就可以用有效的组合拳反击对手,打他个措手不及。若要诱使对方用左直拳或左勾拳击自己的腹部,只需稍稍抬起防守的肘部即可,然后就可以准备从对手的勾拳或直拳内侧用右直拳打反击。若想诱引对方出右拳,可以把左拳稍微向下放低一些,然后准备躲开他的右拳,腾出双手打反击。

(三)佯攻战术

佯攻是一种声东击西的战术。佯攻时,要充分利用手势、眼神、身体、双脚等的不同情形来迷惑对方,造成真真假假、虚虚实实、指上打下、指东打西的效果。对手如果上当,把假动作当真的动作来防守的话,就会暴露空当,给你以可乘之机。空当暴露的时间很短,所以,拳手必须反应敏捷,才能在顷刻之间抓住机会。优秀拳手知道什么样的假动作会有什么样的反应,所以在对方空当出现之前就会打出还击拳或反击组合拳。

第三节　拳击比赛知识

一、拳击比赛的裁判人员

拳击比赛时,由总裁判、副总裁判、台上裁判、评判员、记录员、检录员、计时员、宣告员、场地管理员及医生等负责裁判工作和临场工作。

台上裁判是唯一有权在比赛时登上拳击台在圈绳内执行规则的主持者。台上裁判的主要职责是正确执行规则,保护运动员的安全。台上裁判有以下权限:发现运动员实力悬殊,可以终止比赛,决定胜负;如运动员受伤,可以随时中止比赛,有权决定其是否继续比赛;发现运动员不认真比赛,有权取消一方或双方的比赛资格;对不听从裁判口令、有挑衅行为的运动员,有权取消其比赛资格;有权取消违反规则的助手的资格,如不服从则取消运动员该场的比赛资格;比赛时可根据运动员的犯规情况给予告诫、警告或取消比赛资格。台上裁判使用四个英语口令:BOX(命令运动员开始比赛),BREAK(命令扭抱在一起的运动员分开,各向后退一步再继续比赛),STOP(命令运动员停止比赛),TIME(命令计时员或敲锣员停表)。

每场比赛有 5 名评判员,比赛时分别位于拳击台的不同方向,离拳击台 1 米,离观众至少2 米。评判员要独立进行判断,给双方运动员记录得分并判出胜负。每一回合结束后立即将所判得分登记在计分表上,一场比赛结束,评判员要计算分数,判出胜负,在计分表上签字,将判决公布于众。

二、拳击比赛的运动员

在我国,参加比赛的运动员必须经过一定的系统训练且持有中国拳击协会签发的运动员注册证和运动员手册,经医院检查身体健康适合参加拳击比赛并办理了人身保险。

1. 参赛年龄

运动员的年龄以出生年份计算。19～34 岁的男女运动员为成年组运动员。17～18 岁的男女运动员为青年组运动员,青年组运动员可以参照成年组比赛的规则参加成年比赛。15～16 岁的男女运动员为少年组运动员。所有涉及 14 岁以下拳击运动员的比赛由各国家(地区)和各大洲负责组织开展。14 岁以下拳击运动员的年龄段划分不得超过 2 年。

2. 参赛级别

拳击是根据运动员的体重划分不同级别的。业余拳击比赛分为 11 个体重级别,职业拳击比赛分为 17 个体重级别。

(1)业余拳击比赛的 11 个级别。

①48 公斤以下级(含 48 公斤);

②51 公斤级(48 公斤以上～51 公斤);

③54 公斤级(51 公斤以上～54 公斤);

④57 公斤级(54 公斤以上～57 公斤);

⑤60 公斤级(57 公斤以上～60 公斤);

⑥64 公斤级(60 公斤以上～64 公斤);

⑦69 公斤级(64 公斤以上～69 公斤);

⑧75 公斤级(69 公斤以上～75 公斤);

⑨81 公斤级(75 公斤以上～81 公斤);

⑩91 公斤级(81 公斤以上～91 公斤);

⑪91 公斤以上级。

(2)职业拳击比赛的 17 个级别。

①重量级(201 磅以上/91.25 公斤级以上);

②次重量级(200 磅/90.8 公斤级);

③轻重量级(175 磅/79.45 公斤级);

④超中量级(168 磅/76.27 公斤级);

⑤中量级(160 磅/72.64 公斤级);

⑥超次中量级(154 磅/69.91 公斤级);

⑦次中量级(147 磅/66.74 公斤级);

⑧初中量级/超轻量级(140 磅/63.56 公斤级);

⑨轻量级(135 磅/61.29 公斤级);

⑩次轻量级/超羽量级(130 磅/59.02 公斤级);

⑪羽量级(126 磅/57.2 公斤级);

⑫超最轻量级(122 磅/55 公斤级);

⑬最轻量级(118 磅/53.57 公斤级);

⑭超次最轻量级(115 磅/52.21 公斤级);

⑮次最轻量级/蝇量级(112 磅/50.84 公斤级);

⑯最次轻量级(108 磅/49.03 公斤级);

⑰迷你轻量级(105 磅/48 公斤级)。

运动员要在整个比赛的第一天上午称量一次体重,比赛当天要重新称量体重。运动员级别由第一天正式称量体重时的体重来决定。比赛当天称量体重结束时,运动员的体重超过比赛的级别或没有到场将被判弃权。在称量体重前,必须经过大会任命的医生检查,证明身体健康方可参加称量体重和比赛(禁止只有一只眼睛有视力的运动员、戴隐形眼镜的运动员、聋哑或患癫痫病的运动员参加比赛,头面部受伤而受到包扎的运动员不得参加比赛)。

每个上场的运动员可以有两名助手。在比赛进行中,助手不得停留在拳击台上,并在回合开始前清理好台面;在比赛回合进行中,助手不得给运动员指导、帮助和鼓励,否则将受到警告或取消资格,运动员也可能因他的助手的犯规被告诫、警告或取消资格;助手可以替比赛运动员认输,在认为运动员不宜继续比赛时(裁判员数秒时除外),向拳击台里投毛巾或海绵。

三、拳击比赛的过程

整个比赛的安排是先由轻级别开始,依次进行到重级别结束。运动员的对手都是由抽签决定的。

(一)比赛前常规程序

(1)经检录员检录(检录时不到场按弃权处理)和接受医生检查。

（2）由宣告员介绍仲裁委员会成员、裁判员、评判员、运动员。

（二）比赛常规程序

（1）台上裁判员检查双方运动员的拳套、护齿、护裆和头盔是否符合规定，让双方运动员在台中央有礼貌地握手，再各自回到原角。

（2）台上裁判示意运动员走到台中央，发出 BOX 口令开始比赛。

（3）业余拳击每场有三个回合的比赛，每一回合比赛时间为 3 分钟（扣除比赛临时中止时间和台上裁判下令扣除的时间），每一回合之间休息 1 分钟。我国 1996 年新的赛制规定，比赛采用五回合制，每回合 2 分钟，回合之间休息 1 分钟。

（4）比赛结束时，由宣告员宣布比赛结果，台上裁判举起获胜运动员的手臂表示谁是胜方。

（5）宣布胜负后，双方运动员握手。

四、拳击比赛的场地与设备

1. 拳击台

目前国际锦标赛中规定最大场地为不超过 6.10 米的见方，非国际锦标赛的比赛可以使用不同的拳击台（从 4.90 米到 6.10 米的方形）。拳台面必须要坚固结实、平整，必须保证 1.5 厘米或不超过 2 厘米厚毡子或橡胶垫，以及表面颜色不限的帆布，拉紧围绳和拳击台的边，使整个台面平贴，上面不得有任何障碍，使人踩在上面有一定的软度又不影响双脚的滑动。拳击台围绳以外部分至少有 50 厘米。拳击台围绳一般为 3 根 3 厘米到 5 厘米粗的绳子，从四角的杆上拉出，离拳台的高度分别为 40 厘米、80 厘米和 130 厘米，绳子应用柔软光滑的材料裹起，以免拳击运动员擦伤。

2. 手套

比赛运动员必须戴裁判委员会提供的经鉴定合格的拳击手套，不允许戴自己的手套参加比赛。按运动员体重级别使用两种规格型号的大而柔软的手套，体重 67 公斤以下使用每只重量 227 克的手套，67 公斤以上使用每只重量 284 克的手套。拳套皮革表面必须光滑柔软，内衬垫物不可移动或破损外露。拳套的打击面（拳峰部分）必须标有明显的白色标志。拳套系带的结必须打在拳背面手腕处。

3. 护手绷带

拳击比赛使用的护手绷带是外科用的纱布绷带，长度为 250 厘米，宽度不超过 5 厘米，由主办单位统一提供。严禁将胶布或其他布料作为绷带使用，但可以用长 8 厘米、宽 2.5 厘米的胶布贴在手腕部分以固定绷带。

4. 护头

业余拳击比赛，两个拳手必须戴由国家业余拳击协会批准认可的统一的护头。要同一规格，同一样式，可以一方为红色，另一方为蓝色。如竞赛规程允许运动员自备护头，也必须在赛前经大会有关部门审验批准方可使用。

5. 护裆

比赛运动员必须戴硬质塑料护裆（用三角紧身裤或护身三角绷带固定）。

6. 护齿

比赛运动员必须戴护齿，主要是保护运动员牙齿和颌部免遭伤害。

7. 着装

比赛运动员必须穿背心和短裤,短裤须长至大腿中上部。如果背心和短裤的颜色相同,则必须用醒目的颜色标出腰带线,腰带标志线宽 10 厘米。比赛运动员必须穿软底无跟的平底靴或鞋。

五、拳击比赛的评判

(一)有关概念

(1)得分部位:颜面、头的侧面、腰带以上的上体前面、侧面部位。

(2)得点拳(有效击中):有效击中必须是没有阻挡、格挡防守,用任何一手紧握手套的拳峰部位击中得分部位。在近距离战的连续击打中,应在近距离战结束时,给优势者记录得点。每击中一次得 1 点。

(3)不得点拳(无效击中):犯规拳、用非拳峰部位击打对方、击打在两臂上、仅是触及对方或无明显力量的击打。

(4)倒下:在受对方击打后,除双脚以外的身体任何部位触及地面;在受对方击打后,体力不支倒在围绳上;在受对方击打后,运动员身体或身体的部分出了围绳;运动员受到重击后处于半清醒状态。

(5)数秒:运动员被击倒下,台上裁判员在间隔 1 秒后,开始大声数秒,每个间隔为 1 秒钟,同时用手势表示秒数,让被击打的运动员知道秒数,如果对手没有按台上裁判的命令走到中立角,台上裁判应中止数秒,等对手按要求做了,再从中止处继续数秒。

(6)强制性"数 8":运动员被击倒下后,台上裁判进行数秒,在未到 8 秒时,运动员已站起来准备比赛,这时台上裁判应强制继续数到 8 秒止,然后继续比赛。如运动员在同一回合中被"数 8"三次或整场比赛中被"数 8"四次,即终止比赛,判对方获胜。

(7)击倒:运动员被击倒下后,台上裁判数秒到 10 秒时,若被击运动员未能站起来,这场比赛即告结束,判为"击倒获胜"。

(8)告诫:台上裁判在不中止比赛的情况下给有轻微犯规的运动员劝告。当同一类型的犯规有三次告诫时,将受到一次警告。

(9)警告:当运动员有犯规行为但未达到被取消资格的程度时,台上裁判中止比赛并给予该运动员"警告"。如果运动员在一场比赛中受到三次警告,将被取消该场比赛的资格。

(二)犯规动作

(1)击打对手头后部、背部、腰部以及腰部以下部位。

(2)用头、肩、前臂、肘进行顶撞和击打,用手臂和肘挤压对手的面部和颈部。

(3)开掌或以腕部、拳套的侧面击打对手。

(4)用膝顶撞和用脚绊踹对手。

(5)旋转身体抡打、反臂击打。

(6)握住圈绳击打。

(7)搂抱对方、绊摔对方。

(8)进攻已倒地或正在起立的对手。

(9)搂抱、锁夹对方手臂和头部,或反推对方的肘关节。

(10)下蹲过低,潜入对方腰部以下。

(11)抱头弯腰消极防卫。

(12)比赛中用不礼貌的语言刺激对方。

(13)在台上裁判发布命令"BREAK"时,不向后退,或在没有后退之前进攻对手。

(14)不尊重台上裁判员。

(15)有意吐出护齿。

(三)台上裁判的手势

(1)警告手势:一手按住受警告运动员的手,另一手以食指示意评判员给该运动员扣 1 分。

(2)击打腰部以下,以手在腰间做往下按的手势。

(3)下蹲过低,用手在腹前下方按压。

(4)膝部顶撞对手,以手指膝。

(5)头部顶撞对手,以手指前额。

(6)肘关节顶撞对手,以手指肘。

(7)开掌击打,手掌张开示意。

(四)评分方法

(1)计分方法:每一"得点拳"记 1 点;被台上裁判判"警告",犯规对方得 3 点。每 3 点算 1 分,如果点数不是 3 的倍数,余数为 2,则算 1 分。

(2)每一回合的评分:每一回合为 20 分。每一回合的优胜运动员得 20 分,对手按以下公式计算"失败者得分＝20－优胜者实得分数÷3"。如双方实力相同,可各得 20 分。

(五)胜负判定

(1)得分获胜:一场比赛结束,被多数评判员判为总分数较多者为胜方。

(2)弃权:一方运动员弃权,则判对方胜。

(3)实力悬殊:一方运动员处于明显劣势,或正受过度重击,台上裁判终止比赛,并宣布对手获胜。

(4)受伤:当一方运动员被台上裁判鉴定为受伤或因其他健康原因不能继续比赛,则判对方为胜方。

(5)强制性"数 8":一方运动员在同一回合中被"数 8"三次或整场比赛中被"数 8"四次,即终止比赛,判对方获胜。

(6)击倒获胜:运动员被击倒下后,裁判员数秒到 10 秒时,被击运动员未能站起来,这场比赛即告结束,判对方胜。

(7)对方被取消资格而获胜:如一方运动员被取消比赛资格,则对方获胜。

第二章 散 手

第一节 散手概述

一、散手的概念

散手又称散打,是具有独特中华民族风格的体育项目。散手在中国历代有诸多的称谓,如相搏、手搏、白打、对拆、技击等。由于散手的对抗多采用擂台的形式——一种高于地面、方形的台子,所以在中国民间还被称为"打擂台"。散手在中国已有几千年的历史,一直为中国广大的人民群众所喜爱。然而,随着时代的发展,现在开展的散手与中国传统的散手已经有了质的区别。现在的散手是两人按照一定的规则,运用武术中的踢、打、摔和防守等技法,进行徒手对抗的现代竞技体育项目,是中国武术的重要组成部分。

中国的武术历来有两种表现形式:一种是套路演练形式,一种是格斗对抗形式。散手就是格斗对抗中的一种。但是,现在的散手已不仅仅是对中国武术中传统的徒手格斗术进行单纯的继承和表现,而是在继承的基础上有了发展和提高。其中最为突出的,就是把传统中注重"招法"的观念发展成为把体能、智能与技能结合起来,进而突出它的综合应用的能力。并且,把代表不同地域风格的徒手技击术进行了科学的抽象,使散手成为带有共性意义的格斗技术。虽然散手由于自身的特性以及社会道德和法律的限制,其实用性只在一定范围内起作用,但散手作为现代竞技体育的一个项目已成为当前武术发展的主流,为大众所接受。这既是现代散手的成功之处,也是对中华武术的进一步弘扬和光大。

二、散手发展的过程与现状

(一)发展过程

散手,最早的起源可追溯到上古时代。那时,我们的祖先为保障自身的生存,在与自然环境和与其他部落的争斗中,逐渐形成了一种原始的格斗技能。经过不断的发展,在后来漫长的冷兵器时代,这种原始的格斗技能成为军事格斗术中的一种,服务于当时的社会与政治。随着生产力的发展及物质生活水平的改善,人们的精神需求也随之不断增长,作为军事格斗术中的徒手对抗技能,被赋予了更多的内涵。它的格斗功能使之具有自卫的作用。同时由于习练格斗术可以强健体魄,也就具有了健身功能。所以,散手在中国民间广为推崇,渐渐成为一种含有体育性质的项目。

据史料文献记载,在距今 3000 年左右的商、周时期,就已经有了用"执技论力"来决定胜负的相搏之技,并且颇为盛行。到了春秋战国,"相搏"已很普遍。为了交流武艺,曾每至春秋两季进行"角试",天下武林高手云集一方,较技斗艺。至秦、汉时,比赛已比较正规。隋、唐、五代时期,手搏、角抵已受重视,当时的王公贵族甚至君王都喜好手搏、角抵,经常亲自下场比赛,民间也盛行此风。《隋书》中就记载了大业六年,来自各地的武林高手聚集在端门街,各献"天下奇技",一比就是几天,甚至"终月而罢"。在宋、明期间的许多著作中已有关于散手的健身性和娱乐性功能的记载,并且对技艺的描述也比以前的记载详尽。戚继光的《纪效新书》和俞大猷的《剑经》,都可以说是这方面的专著。在清朝初年,一度虽有习武禁令,但伴随着农民运动及秘密结社组织,出现了不少练武的社、馆,操练武艺,较技斗勇;到了清朝中后期,这类武术活动甚至成为民风,武术散手运动有了很大的发展。

民国初年,习武开禁,拳技之风盛行一时。1928 年,中央国术馆在南京举办"第一届国术国考",比赛为期 10 天,其中的散手比赛,采取双败淘汰制,三局两胜。1929 年,在杭州由当时浙江省国术馆承办了"国术游艺大会",有 300 多人参加了大会,其中参加散手的就有 125 人。1933 年中央国术馆在南京又举办了"第二届国术国考",大部分省、市派出代表参加,有的代表队成员竟多达百人。其项目设有男、女短兵,男、女散手等。同年 10 月,在南京举办的"全国运动大会",仍设有散手项目。由于当时中央政府的鼓励,各地方政府竞相效仿,组织各种形式的武术散手活动,一时间出现了武术散手运动蓬勃发展的局面。这为当时积贫积弱的中国注入了强健国人体魄、富国强兵、振奋民族精神的一丝活力,但最终由于旧中国的内忧外患,政治腐败,武术散手运动未能得到长足的发展。

(二)目前状况

中华人民共和国成立后,特别是 1979 年以后,随着中国国内"武术热"的再度兴起,中华人民共和国体育运动委员会为全面继承和发扬武术这一古老的传统文化遗产,按照竞技体育的模式,于 1979 年 3 月首先在浙江省体委、北京体育学院和武汉体育学院三个单位进行了武术对抗性项目的试点训练,以求取得经验后全面推广。同年 5 月在广西南宁举行的全国武术观摩交流大会上,三个试点单位做了首次汇报表演。同年 9 月,在中华人民共和国第四届全国运动会期间,国家体委又抽调浙江省散手队、北京体育学院和河北省散手队在石家庄赛区做了公开表演。1980 年 10 月,国家体委调集散手试点单位的有关人员,开始拟定《全国散手竞赛规则(征求意见稿)》。通过试验修改,于 1982 年 1 月制定了《散手竞赛规则(初稿)》,并按此规则在北京举行了全国武术散手邀请赛。自此,本着"积极、稳妥"的原则,每年都举行一次全国性的"武术对抗性项目(散手)表演赛"。1987 年的表演赛首次采用了传统的设擂台形式。1989 年,散手被国家体委批准为正式比赛项目,并设"团体锦标赛"和"个人锦标赛"赛制。

为了让世界了解武术,让武术走向世界,中国武术研究院、中国武术协会于 1988 年在中国举办了国际武术节,并首次在中国深圳举行国际武术散手擂台邀请赛,来自 15 个国家和地区的近 60 名运动员参加了为期 3 天的角逐。接着,又于 1991 年在中国北京举办了"迅华杯"国际武术散手邀请赛,有许多国家和地区的运动员参加了这次比赛。之后,国际武术联合会于 1992 年在北京举办了第一届世界武术锦标赛,武术散手被列为表演项目。随即国际武术联合会决定,以后每两年举行一次国际武术锦标赛,并把散手列为正式比赛项目。第二、第三届国际武术锦标赛分别在马来西亚和美国举行,许多国家都报名参加了散手比赛。在历届的亚洲武术锦标赛上,散手也被列为正式比赛项目。

国际武术联合会和中国武术协会为提高各国武术散手的运动水平,多次举办了国际武术散手教练员、裁判员学习班。国际武术联合会还多次委托中国派出大量的教练员到各国去推广散手项目。目前,世界上已有 70 多个国家和地区开展了散手项目,并越来越受到当地人民的喜爱,这些都为散手走向世界打下了坚实的基础。为了使散手能更加健全的发展,近年来国际武术联合会十分注重武术散手的普及推广和科研工作,要求配合竞赛和教学训练多出教材和出好教材。在第一届世界武术锦标赛期间,国际武术联合会召开了包括散手内容在内的国际武术论文报告会,为武术散手的全面推广创造了良好的条件。为此,作为推广散手项目的"龙头"——中国,率先加大了对散手的科研力度,经过几年的努力,在四个方面取得了可喜的成就:一是探讨了生物科学在散手技术发展中的应用;二是深入研究了散手教学与训练的科学化问题;三是讨论了散手与文化的关系;四是对散手的发展战略进行了研讨。尤其是 1996 年以来,中国武术研究院召集了国内的专家学者,对散手的技术框架和理论框架的建构进行了深入的探讨,并达成共识;同时又受国际武术联合会技术委员会的委托,着手编写国际武术散手教材。这些都标志着散手正初步建立起它的体系框架,并朝着规范化、系统化、科学化的方向发展。

三、散手的特点

(一)技击技术的整合性

现在开展的竞技型散手运动,以与中国传统技击术完全不同的技术风格展示在世人面前。它与中国传统技击术的关系,既有继承的成分,更多的则是经过整合而有所发展。所谓技击技术的整合,是指具有不同文化底蕴的技击术,经过相互吸收、融合、调和而趋于一体的过程。这种整合使得中国传统的散手在内容与形式上发生了变化,逐渐成为一种有别于传统的技击技术体系。现在的散手,其技术的整合主要是从两个方面来完成的。

(1)对传统技击术进行整理、归纳,舍弃它们的具体形态,找出其中带有共性的规律,即把中国各拳种门派的拳法、腿法通过归整,总结出它们的基本运动形式,经过高度抽象,把进攻技术归纳为两种运动形式:一种是直线型方法,另一种是弧线型方法。然后根据"追求效果"的原则赋予新的表现形式,经过反复的试验和论证,确定了拳法以冲、贯、抄、鞭,腿法以蹬、踹、扫、摆、勾为内容的散手"击法"的基本技术;摔法则根据"快摔"的要求和"无把"的特点,主要把握住"破坏重心"和"抢圈"的要点,创造出"接招摔"和"夹打摔"的方法。同时,对防守技术也根据"效果"原则进行了分类,即划分为"接触式防守"和"不接触式防守"两种基本形式。至此,散手技术才真正具有了普遍继承的意义。

(2)散手技术是对处于同一时代的各国搏击技术进行大胆的借鉴,吸取其中的有益成分,甚至是具体的实用技法,再与我们通过归整的传统技法不断地协调、融合、修正,才使之成为现今通行的模式。

整合后的散手技术,具有更广的范围和更高的起点,是中国传统技击术发展的必然结果,也是东西方文化相互交融、渗透的典型表现。

(二)表现形式中的中国传统色彩

散手与世界上其他搏击术有着共同之处,即该项目也是以相互间运用技击方法击打对方作为主要目的。但是,在共同的表现形式中又突出地反映出了中华民族浓厚的传统色彩。从比赛的形式来看,散手采用了中国传统的"打擂台"方式,一方掉下擂台出局则为输方。在竞赛办法上则运用了三局两胜制,先胜两局即为赢家。从深层的文化含义上来分析,这些现象都集中地表现了中国传统的比武观念,是以"较技"为主,比赛突出的是显露技法,赢的是"招数",与中国古代比武"点到为止""一招定乾坤(输赢)"是一脉相承的。散手不像西方搏击那样,把人用绳圈"围"起来,并使用多局积分制,使得比赛双方进行殊死搏斗,表现出西方人对"力"崇拜的文化潜质。散手对比赛中的被动"倒地"的处理,也表现出了东方传统观念中的"好仁恶杀"

和"穷寇勿追"思想。散手对得分部位的规定也颇有意味,按照规则,得分部位几乎包括人的全身,这说明在比赛中对他人全身性的攻击是合"法"的,这就无意间从相反角度反映出了身体是"受之父母,不得有毫发之损"的观念,体现了"贵命全身"的潜在传统意识。即使是散手的礼仪规定,也与西方的礼仪有着很大的差异,西方用"握手"的礼仪表示相互间的"交流"愿望,而中国的"抱拳礼"则更多的是表示"尊重"。这些都从各个不同的侧面反映出了中国传统伦理对现代散手运动的潜在影响。另外,散手技术发展至今,已经有了全新的概念,但在规则中仍有"允许使用各武术流派的技法"的条款和某些"加分"的规定,这些从表面上看是为了发掘新的技术,但实质上却集中地反映了中国传统思维方式的认知定势与习惯,还表现了东方人对"传统"有着执着的"怀旧感"和"托古改制"的处事方式。这些都是散手中表现出来的中华民族的传统文化色彩。

(三)与中华传统文化联系的紧密性

西方体育中的任何一个项目都不能像散手那样与自己的传统文化有着如此紧密的联系。虽然西方的体育项目都具有一定的文化意义,但它们都不具有散手那种浓郁的文化特征、丰厚的文化底蕴和本身拥有的文化包容量。竞技体育中的散手虽然不能表现出传统武术技击术中的所有文化内涵,但散手在人们的观念中仍然是集传统与现代、竞技与实用、修身与养性于一体的武术项目,仍然具有超出竞技之外的广泛的社会价值,与文化有着紧密的联系。尽管竞技散手经过整合,但它本身还是以中国传统文化作为其发展基础,在传统文化的总体氛围中生存和发展。如中国传统哲学思想对散手的渗透,使之确立了它的基本风格,中国传统伦理道德决定了尚武要以"德"为先,这既是行为的准则,又是实践的标准,这就决定了习武的目的绝非是为了逞强斗狠,而是通过"备武"与习文一道,作为修身、齐家、治国、平天下的人生课业而并重同修,最终来完成对理想人格的追求。这就是为什么在开展竞技散手的今天,"金牌"并不是所要追求的唯一目标,而"尚武崇德"和"为国争光"才始终是我们必须树立的信念的原因。此外,中国的民俗学、兵学、美学、养生学和传统医学等,也对武术(包括散手)产生了不同程度的影响,同时也对武术(包括散手)建构起到了至关重要的作用。由此可见,虽然竞技散手属于现代体育,但作为载体,它又几乎浓缩了中国传统文化中的大部分内容,这也是散手的无穷魅力和丰富的文化内涵之所在。

四、散手的作用

(一)改善身体机能,提高身体素质

1.对骨骼、肌肉的生长发育有促进作用

骨的生长是由于骺软骨的不断增长和骨化的结果。对处在生长发育阶段的青少年,散手的训练能加强机体的新陈代谢,刺激骺软骨的增长,进而能促进骨的生长。而且,经常参加散手运动能使骨骼变粗、骨密度增大,提高骨骼抗弯、抗压、抗折的能力。同时,经常参加散手训练可改善肌肉的血液循环,提高肌肉收缩的速度和力量,使肌肉粗壮有力。

2.改善呼吸系统的功能

由于在运动时能量消耗增加,新陈代谢加快,需要更多的氧供应,这就要加大呼吸的频率,加大呼吸的深度,让更多的肺泡参与工作,加大呼吸肌的收缩力量和幅度。因此,通过散手训练能促使呼吸肌更加发达,肺活量增加,提高呼吸功能。

3. 促进血液循环，提高心脏功能

进行散手训练时，血液循环加速，以适应肌肉活动能量消耗的需要。经常性的散手练习，可使心脏产生运动性肥大，心肌肥厚，收缩有力，心搏徐缓，每搏心输出量增大，从而减轻心脏负担，使心脏获得较长时间的休息。这就从结构与功能上使心血管系统得到改善。此外，由于强有力的心脏功能使人体具有了承担大强度工作的潜在能力，无疑会给身体带来好处。

4. 改善和提高中枢神经系统的灵活性

散手竞赛不但是较技较力，而且要斗智，所以经常进行散手练习，不但能改善大脑的供血状况，使人头脑保持清醒，还能使人的思维敏捷，应变能力提高，延缓大脑功能衰退。

(二) 掌握攻防技术，防身自卫

散手本身是一种技术全面的技击术，具有很强的攻击力和完善的防守方法。掌握了散手技术，就具备了一定的防身自卫能力。通过散手训练，可以做到遇敌不惊，在受到攻击时的一瞬间能迅速做出相应的防守反应并进行反击，达到防身自卫的目的。另外，经过散手训练的人，具有比一般人更强的抗击能力，即使受到攻击也不易受伤。

散手技术具有很强的技巧性，力量和方法的运用非常巧妙，合理运用散手技术能使力小的人胜过力大的人，身材矮小的人战胜身材高大的人，做到以弱胜强。特别是女性，掌握了散手技术就拥有了保护自己的武器。

(三) 陶冶情操

长期的、艰苦的散手训练能够锻炼人的意志品质，培养人顽强、果敢、坚毅、不向困难屈服、勇猛进取、积极向上的精神。通过对抗，尤其是与强手的对抗，能够克服懦弱、胆怯，增强勇气，树立敢于拼搏、敢打必胜的信心和坚忍不拔的意志，以及培养胜不骄、败不馁的品德。

沿袭中国武术的传统，在整个散手的学习和训练过程中，非常注重对武德的培养，如尊师重教、礼仪礼貌、友爱团结、诚实守信、维护公众利益、遵守社会公德。

更为重要的是，在长期的艰苦训练和公平竞争中，能使人逐渐做到兢兢业业、严于律己、谦虚谨慎，具有思想抱负，进入高品位的人格境界。同时，也从训练和竞技中切身体会到中华民族的文化精神，使传统文化的精髓得以继承繁衍和弘扬。

(四) 娱乐价值

散手的对抗性有着极高的欣赏价值，尤其是在现代社会，人们的生活节奏不断加快，对事物的追求也就愈加带有刺激性，而散手对抗的激烈性迎合了人们的这些心理需要。同时，在对抗过程中，出现的较力逞勇、竞技斗智，能够使人产生审美的情趣，体会到原始力量的健美。在激烈的对抗气氛中，参与的人能得到一种美的感受。同时，也为适度的心理宣泄提供了理想的场所，这对人们的心理调节不失为一种有益的方法。通过观看散手对抗，还能激发起人们对生存本能的追忆，启迪人们在现实生活中的拼搏意识和采取积极向上的人生态度。

散手运动不但能给人以"他悦"，同时也有"自悦"的功能。因为散手运动能给习练者带来自信和自强意识，而强者风度的本身就是一种追求，就是一种"自悦"，从这个意义上讲，散手也可以成为习练者的精神依托。在这种精神寄托的主使下，在接受了大运动量的训练后，人们就会有一种被释放的愉悦感，这种张弛有度的节奏对人的身心健康是大有裨益的。另外，在比赛中取得胜利能够带来欢悦和满足，如果是失利，带来的沮丧也只是暂时的，更多的是自我的宽慰和激励起再次奋发的决心。所有这些，都能使习练散手者在艰辛与伤痛中，在成功与失败中,体味人生的欢乐。

(五)增进交往

现代生活中的人们十分注重交往,因此对交往的媒介也给予了极大的关注。媒介是人们产生共同语言、共同情趣和共同志向的纽带。散手作为交往媒介,其魅力就在于它能给人们的交往带来更为深层的含义,因为这个媒介本身就带有丰富的内容。而且,散手不仅仅是作为交往的媒介,它本身也能成为交往者探讨的主题。人们通过对散手技艺的交流切磋,提高了散手运动的水平,进而对武术、对中华文化的悠久历史产生兴趣,促进不同文化的进一步交流。同时,在共同研讨探索的过程中,人们能更进一步增进相互间的了解和友谊,从而开拓交往的深度与广度,给交往带来更为广阔的前景。

五、散手练习中的注意事项

(1)练习前,做好准备活动,如跑步、跳绳、游戏等,使身心逐步过渡到运动状态。

(2)同时做一些专项准备活动,如压腿、踢腿练习,以免训练时因用力过猛,使关节和肌肉受伤。

(3)初学进攻技术时,不要一开始就用最大力量练习,应多用中等力量进行练习,体会正确的动作;在形成正确的技术动作后,逐步增加动作的速度和力量。

(4)初学防守技术时,除练好防守动作外,还应在练习中仔细观察对手的进攻动作,提高对对手进攻动作的判断能力和预见能力,做到有目的地防守。

(5)实战练习前,做十几分钟的抗击能力练习,自己打一打,也可以让对方踢打面部、腹部、两臂等。所有抗击能力练习都要由轻到重、由慢到快,切忌急于求成。

(6)实战时要戴好护具,至少也要带上拳击手套;不要重击没带护具的部位。

(7)散手练习时,要以提高技术为目的,不要只顾追求获胜,一味死缠蛮打。

(8)实战中,要讲武德,切忌开玩笑、斗气,更不能有意伤人。

(9)练习后,应做些整理活动,如慢走、扩胸、转腰、按摩肌肉等,以消除疲劳。

(10)练习后,不要马上游泳,不要久躺在草地上或在风口处久留,不要大量饮水。

六、散手运动生理卫生知识

1.为什么发烧时不宜进行散手练习?

散手是一项对抗性很强的体育项目,运动强度、密度都很大,发烧时进行散手练习,对身体是不利的。

首先,发烧时,体内产热增加,而进行散手运动时,肌肉组织的能量代谢增强,产热也增加,这样就热上加热,犹如火上添油,这种高热的刺激会对身体产生不良的影响。

其次,发烧时,组织里的蛋白质大量分解,维生素大量消耗,而进行散手运动又进一步增加体内能量物质的消耗,这样就会更加削弱练习者的体力,降低抵抗力。

再次,发烧时,心跳加速(一般体温每升高 1℃,心跳每分钟就增加 10~20 次),心搏出量增加,心脏负担加重。如果这时再进行散手练习,会进一步增加心脏的负担,有时甚至会造成急性心功能不全。

最后,更重要的一点,发烧常常是感染性疾病在体内发生和发展的反应,这时不宜参加散手运动,因为散手运动要不断地击打头、胸等部位,对于一个身体较弱的人,腹、胸、头等部位经不起强有力的击打。

2.散手时"岔气"怎么办?

在散手训练中,如侧踢腿、打摆拳等,偶尔会出现"岔气"。其症状是局部有压痛,但大多数不出现肿胀。

为什么会"岔气"? 常见原因有:一是运动前准备活动不充分;二是没有适当活动就突然发力;三是活动时没有合理利用深呼吸,呼吸没节奏、频率太快、深度不够,使呼吸肌连续过快地收缩,长时间得不到放松;四是活动前身体过度疲劳、虚弱,或长期没有参加运动;五是大量出汗,使体内氯化钠含量过低。有些人甚至偶尔急转身也可能引起"岔气"。

遇到"岔气"怎么办?

(1)深吸气后将气憋住,自己或请人握拳用力自上而下捶击胸腔两侧或痛侧胸背,再缓缓做深长呼气。这样反复做几次后可使呼吸肌放松,疼痛就会缓解。

(2)调整呼吸节律,可连续做数次深呼吸,自己用手挤压痛处,疼痛可减轻。

3.怎样才能消除疲劳?

长期坚持大运动量的散手训练,反复练习一种动作,如打左直拳、左踢腿等,肌肉受到长时间、频繁的刺激,产生强烈的兴奋,到了一定程度,兴奋就会转为抑制,如果继续训练,这种抑制过程就会加强而导致疲劳。

在疲劳时,往往会产生精神不振、反应迟钝、动作不协调等现象,这时如果做实战练习是十分危险的。如果长期处于疲劳状态,得不到适当的休息,疲劳就会积累,产生运动过度。因此,及时消除疲劳是很重要的。

适当地安排运动量和合理地安排练习内容,能有效地防止疲劳的产生。如在一次练习课中,注意上下肢练习内容的搭配,使身体各部分交替练习,使非主要练习部位得到主动休息。

当疲劳产生后,适当的休息是消除疲劳的重要手段。此时,可以做一些肌肉放松练习或静止性休息,如睡眠;每天保证一定的睡眠时间,使人体处于相对安静状态,使各器官系统都可以得到休息,这是消除疲劳的有效方法。另外,训练时应减少运动量或者停止训练一段时间,待身体恢复后再进行训练。

4.为什么饭后不宜做散手训练?

饭后立即做剧烈的散手练习,会抑制消化液分泌和导致消化管道痉挛,同时因参加剧烈运动,全身骨骼肌肉的血液供应增加,胃及内脏的血液供应就相对减少,从而容易造成消化不良和吸收不良。另外,在激烈的散手练习中被对方击中腹、肋、背部,还会出现呕吐。因此,饭后立即进行散手练习是不适宜的。

一般在饭后一小时以后可从事散手基本技术练习,一个半小时以后可进行实战练习。

5.为什么在参加比赛前心跳和呼吸会加快?

比赛前心跳和呼吸加快是一种生理现象,叫作赛前状态。人在每次训练或比赛时,心跳和呼吸都会由于运动而加快,经常重复之后,比赛或运动的概念或者比赛或运动场地的设备等就成为肌肉运动的刺激信号,与肌肉运动建立了牢固的条件反射。以后只要一听到要比赛或运动,或是到比赛的场地,看到裁判员,尤其是自己的对手,内脏器官就会发生类似肌肉运动时的变化,如呼吸急促、心跳加快等。这种现象对比赛有好处,这象征着内脏器官已为即将到来的肌肉运动作好了准备,在运动时就能更好发挥它们的功能。

6.散手比赛不做准备活动行不行?

有些运动员认为散手比赛运动量很大,为了保持体力不做准备活动,这是不对的。准备活动是运动前和比赛前所必须进行的活动,目的是使人体能够有准备地从安静状态逐步过渡到紧张的肌肉活动状态。

运动时,体内的生理活动变化很大,运动对中枢神经系统、内脏器官和运动器官(肌肉、骨骼等)的要求较高。要使运动员的身体状况达到一定的功能水平,适应运动的需要,这不是一上运动场马上就能做到的。若事先不做任何活动,动作就会不灵敏,出击速度不快,防守不及时,甚至还容易造成肌肉、肌腱、韧带的撕裂和损伤,骨骼、关节等还有可能被对方击伤或摔伤。因此,运动员运动或比赛前,应有目的地通过一些练习,提高中枢神经系统的兴奋性,使机体各器官系统的活动加强,以克服机体的生理惰性。另外,还要做一些头、腹、胸等部位抗击打能力的练习,以防在比赛中受到突然击打而承受不了。

第二节　散手技术

一、实战势(预备势)

(一)技术动作

两脚左前右后开立,略比肩宽,两脚尖微内扣,两膝微屈,重心在两腿之间(正架为左脚在前,反架为右脚在前,个人可根据习惯选择正架或反架。一般是右拳力大,右脚在后。本教材均采用正架姿势);两手左前、右后握拳,拳眼均朝上,左臂弯曲,肘关节夹角为 $90°\sim110°$,左拳与鼻同高,右臂弯曲,肘关节夹角小于 $90°$,上臂贴于右侧肋部;身体侧立,下颌微收,闭嘴合齿,面部和左肩、左拳正对对手(图 2-1)。

图 2-1

(二)技术要领

1.便于移动

散手实战时,运动员需要根据攻防动作的特点和要求,在不同的时机、距离、条件下,不断而迅速地转换步法和变换姿势。

2.便于进攻

实战时,运动员必须准确地把握进攻的时机。而时机是靠运动员应急的敏感性来获得的,特别是防守反击时。实战中对方时而拳,时而脚,时而打上,又时而击下,而且距离时时变化,这时实战姿势两手所放的位置、两脚站的距离至关重要,应是距对手最近,路线最短,便于灵活地变换和运用各种进攻方法,并使之发挥迅速。

3.便于防守

散手的防守方法有时是闪躲防守,如后闪、侧闪、下躲闪等;有时是用四肢防守,如左右拍击、格挡、提膝、阻截等。选用散手实战姿势是否有利于防守,应着重体现在两个方面:一是身体的投影面要小,即暴露给对手的身体部位要少;二是防守面要大。因此,实战姿势要求身体侧向站立;两臂一上一下紧护头部和躯干,使胸、腹、裆等得当,或要害部位处于有效的保护之下。另外,还要求竖项梗脖,下颌微收,内引合齿,缩小咽喉的暴露面。

二、基本步法

(一)技术动作

1. 前进步

预备势:左腿在前,实战步。

动作说明:右脚蹬地,左腿向前跨步,随即右脚跟提起,脚掌擦地向前后成实战步(图 2-2);或者右脚蹬地,左腿抬起向前跳,左脚落地,随即右腿跳起向前成实战步。

要点:前进时上体稍前倾,动作迅速,步距要大,有"前进一丈,后退八尺"之说。移动时重心要平稳,特别是向前跳步时身体起伏不要太大,脚掌尽量贴近地面。

2. 后退步

预备势:左腿在前,实战步。

动作说明:左脚蹬地,右腿向后跨步。随即左脚脚跟提起,脚掌擦地后撤(图 2-3);或者左脚蹬地,右腿抬起向后跳,右脚落地,随即左腿跳起后撤,落于右脚前,成实战步。

要点:同前进步。

3. 绕环步

预备势:左脚在前,实战步。

动作说明:左脚经过右脚尖前向右前方弧形上步,脚尖外展。以身体左脚脚掌外侧为轴向左转,右腿随身体转动做弧形绕步,落脚于左脚后侧成实战步(图 2-4)。

要点:绕环步时,拧腰与斜身相随,身似游龙,快如闪电。

4. 后圈步

预备势:左腿在前,实战步。

动作说明:以左脚前脚掌为轴,右脚脚跟提起,前脚掌擦地做弧形旋转。右脚向右旋转为右后圈步,向左旋转为左后圈步(图 2-5)。

要点:旋转时脚掌不要离开地面,上身保持实战步随步转动。

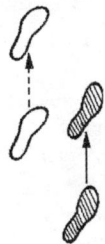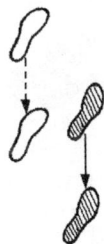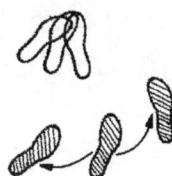

图 2-2　　　　　图 2-3　　　　　　图 2-4　　　　　　　图 2-5

5. 垫步提膝

预备势:左腿在前,实战步。

动作说明:右脚脚掌擦地向前滑步,落脚于左脚内侧,全脚着地,左大腿迅速高提,重心落在右腿上,左脚心外侧向前(图 2-6)。左脚落地成实步,右脚再垫步,如上反复提膝。左腿提膝为左垫步提膝,右腿提膝为右垫步提膝。

要点:提膝要高,上体保持正直。

6.后撤步提膝

预备势:左腿在前,实战步。

动作说明:左脚掌蹬地,右脚向后撤步,左大腿迅速高提,重心落在右腿上,左脚心外侧向前(图2-7)。左脚落地成实战步,右脚再向后撤步,如上反复。左腿提膝为左后撤步提膝,右腿提膝为右后撤步提膝。

要点:提膝时上体稍前倾。

7.跳步前进

预备势:左腿在前,实战步。

动作说明:左脚掌蹬地向后跳步,落脚于右脚前,脚尖点地,右脚原地跳动。右脚掌蹬地,左腿大步向前,右脚掌擦地随之向前成实战步(图2-8)。左脚再后撤,如上反复。

要点:跳动时,脚离地面越低越好。上体保持正直。

8.后退跳步

预备势:左腿在前,实战步。

动作说明:左脚蹬地,右腿抬起向后跳,右脚落地,随即左脚掌擦地后跳,成实战步(图2-9)。左脚掌蹬地,右腿抬起后跳,如上反复。

要点:后撤步步幅要大,上体可以根据对方进攻的情况,适当做后仰和摆动。

 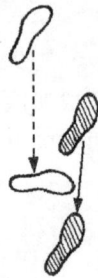  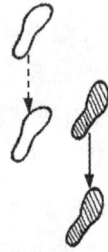

图2-6   图2-7   图2-8   图2-9

9.向右跳圈步

预备势:左腿在前,实战步。

动作说明:左脚掌蹬地,脚尖向右转动90°左右;右脚掌蹬地,弧形向左腿后方跳动;同时,上体以腰为轴右转,右肩迅速向后撤,成实战步(图2-10)。如上反复。

要点:转体要突然,跳动时,脚离地面越低越好。

10.向左圈跳步

预备势:左腿在前,实战步。

动作说明:左脚掌蹬地,以腰为轴,上体向左转,右腿沿弧形路线向右前方跳动,左脚随之左转成实战步(图2-11)。右腿再弧形向右前方跳动,如上反复。

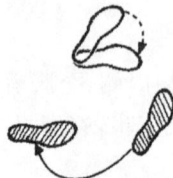   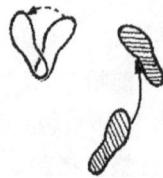

图2-10   图2-11

要点：转身要突然，跳动时，脚离地面越低越好。

（二）步法技术要领

拳谚说："练拳容易走步难"。步法的快慢，移动距离的大小，直接影响着攻防的效果，因此，对步法的技术要求是"活、疾、稳、准"。

1. 活

活是指步法移动、变换要灵活敏捷。运动时轻松自如，虚实变换，让对手抓不住自己的身体重心所在，给对方造成判断困难。判断对手的重心所在是使用技法的依据。比如，对手用右贯拳进攻，身体重心必须落在前脚，如果在防守的同时以右勾踢腿踢其前脚，出现的效果就会很好。那么，如何使步法活呢？散手步法要活，首先力量是基础，膝关节、踝关节弹性要好；其次在站立时两脚相距不宜太宽，两膝弯曲不能过大，身体重心尽可能不向一边倒（除必要的进攻外）。实战中，人应该是"活动型"，尽量避免"静止型"。

2. 疾

疾是指步法移动的速度。拳谚说："手到脚不到，破敌不得妙"，"手打三分腿打七分，胜人全凭脚下疾"。双方交手前都处在相持和窥视状态之中，互相保持着一定的距离，任何一方发动进攻，必须以快速的步法接近对方，在有效距离内施以技法，进攻才能有效；同样，防守一方也必须具备快速的后退和躲闪能力，防守方能成功。

3. 稳

稳是指步法移动的稳定性。拳谚说："步不稳则拳乱""手是铜锤脚是马""起腿半边空"。在北方诸拳派的攻防要诀中，也讲到"借势打势""顺手牵羊""四两拨千斤"等，这些都讲述了这样一个道理：掌握了对方的身体重心及移动的规律，破其稳定，可以巧取胜。例如，有的运动员冲拳时只注重力度而使身体重心过分前移，超出了支撑面，对手如顺势一带就会失去平衡；还有的运动员使用腿法进攻时，一味追求腿的击打高度，造成支撑腿站立不稳，遇有对手使用掀、托等方法，便会倒地，这些都是步法不稳的结果。

4. 准

准是指步法移动的准确性。准确地移动步法，能为进攻、防守或防守反击赢得时间。进攻时的步幅太小，不能产生最佳效果，步幅太小又影响了二次进攻和回位防守；防守时步法移动的距离不够，有可能被击中，而移动过多，又不利于反击。把握步法移动的准确性，主要取决于运动员的时、空感觉的能力，而这种能力的获得，有赖于长期的实践和不断的摸索。

三、进攻方法

（一）拳法

1. 左冲拳

实战势开始，右脚微后蹬，重心微前移，身体向右做转腰送肩，同时，左拳直线向前冲击，前臂内旋，拳心向下，力达拳面（图2-12）。

要点：冲拳时上体不可前倾，腰微右转；拳面领先，以肩催前臂，臂微内旋，肘微屈向外，使肩、肘、腕基本成水平；快出快收，切勿停顿，迅速还原成实战势。

作用：左冲拳是一种直线进攻型动作，特点是距离对手较近，易发动，预兆

图 2-12

小,灵活性高;可以结合身体高低姿势,或前进后退,或左右闪躲等击打对手腰以上的任何部位;既可主动进攻,又可防守反击,是进攻技术中最常见、最主要的动作之一。例如,攻击对手的上盘(上盘指胸部以上,中盘指腰上下,下盘指髋关节以下。下同),双方在对峙的状态下,突然以快速的步法向前移动,同时,以左冲拳攻击对手的上盘(图2-13);攻击对手的中盘,双方在对峙的状态下,迅速进步俯身,以左冲拳抢攻其中盘(图2-14)。

图2-13

2. 右冲拳

实战势开始,右脚微后蹬并向内扣转,同时,右拳直线向前冲出,转腰送肩,力达拳面,左拳回收至右肩内侧(图2-15)。

要点:右冲拳的发力顺序是起于右脚,传至腰、肩、肘,最后达于拳面;发力时上体向左转动(头不转),以加大冲拳力量;还原时以腰带肘,主动直线回收。

作用:右冲拳的主要特点是攻击距离长,而且能充分利用蹬腿转腰的力量,冲拳的力度大。在快速的步法移动中或有虚假动作的掩护下出击右冲拳,杀伤力较大。它是一种常用的主要进攻动作之一。例如,抢攻对手中、上盘部位,在双方对峙时,突然以快速的步法逼近对手,同时,以右冲拳抢攻其中、上盘部位。有时为了使进攻更加有效,往往在出击右冲拳之前,左拳或左腿先晃一下,以假动作迷惑对手(图2-16)。

图2-14　　　　　　　图2-15　　　　　　　图2-16

3. 左贯拳

实战势开始,上体微向右转。同时,左拳向外(约45°)、向前、向里横贯,臂微屈,拳心向下,力达拳面或偏于拳眼侧,右拳紧贴右侧(图2-17)。

要点:力从腰发,腰绕纵轴向右转动;贯拳发力时,肘尖微抬与肩平,含胸收腹。

作用:左贯拳是一种横向进攻型动作,距离对手较近,灵活性高,结合身体高、低姿势的变化,击打对手的侧面,上盘可击打太阳穴,中盘可击打腰肋部位,是应用较广的拳法之一。例如,抢攻对手右侧头部,双方在对峙的状态下,突然左闪一步,以左贯拳攻击对手右侧头部(图2-18)。

图2-17　　　　　　　图2-18

4. 右贯拳

实战势开始,右脚微后蹬并向内扣转,向左合胯转腰。同时,右拳向外(约45°)、向前、向里横贯,力达拳面或偏于拳眼侧,左拳屈臂回收至右肩内侧(图2-19)。

图2-19

要点:右脚内扣,合胯转腰与右贯拳发力协调一致;贯拳发力时,肘尖微抬与肩平,含胸扣肩。

作用:右贯拳也是横向进攻型动作,特点是能充分借助右脚蹬地转腰的力量,力度较大。发长拳抢攻时往往需要虚假动作的掩护;发短拳时主要用于近距离或贴身的实战。例如,攻击对手头部左侧,双方对峙时,突然俯身以左拳虚晃一下,假装进攻对手的腹部,紧接上体微微立起,以右贯拳攻击其头部(图2-20);攻击对手左侧肋部,双方对峙时,突然做出以左拳攻击对手头部的假象后,迅速俯身以右贯拳攻击其左侧肋部(图2-21)。

图2-20　　　　　　　　图2-21

5. 左抄拳

实战势开始,重心微下沉,左拳由下向前上抄起,肘关节夹角为90°~110°,拳心朝里,力达拳面(图2-22)。

图2-22

要点:重心下沉是为了更好地利用前脚蹬地拧转后的反作用力,以加大抄拳力量,同时动作要连贯、顺达,用力要由下至上;抄拳时,臂先微内旋再外旋,拳呈螺旋形运行;抄拳发力时,腰微右转,发力短促。

作用:抄拳属上下进攻型动作,主要靠腰、腿的蹬转和运用内力的发劲,拳带螺旋劲,攻打的部位是胸口、胃和下颌,有较大的攻击力。

6. 右抄拳

实战势开始,右脚蹬地,扣膝合胯,腰微左转。同时,右拳由下向前、向上抄起,肘关节夹角保持在100°~110°,拳心朝里,力达拳面;左拳回收至右肩内侧(图2-23)。

图2-23

要点:右抄拳要借助右脚蹬地、扣膝、合胯、转腰的力量,发力由下至上,协调顺达;抄拳时,右臂呈螺旋形运行。

7. 转身右鞭拳

实战势开始,先出左冲拳(图2-24),突然右脚经左脚后插一步,身体右后转180°。同时,右拳反臂向右侧横向鞭甩,拳眼向上,力达拳背(图2-25)。

要点:转体时,以头领先,不能停顿,支撑要稳;鞭拳时,以腰带臂,前臂外甩。

图 2-24　　　　　　　　图 2-25

作用:鞭拳也是横向进攻型动作,能借助转体的惯性,动作幅度大;运动路线长,力度较大。其用于退守反击时,动作隐蔽、突然,又有较大的攻击力,既可连续追击,又可连续退守反击。例如,突然抢攻,当双方对峙时,突然以左冲拳虚晃一下,右脚迅速经左脚后插步,同时转体以右鞭拳横击对手侧面。

(二)腿法

1. 左蹬腿

实战势开始,右腿直立支撑,左腿屈膝向上提起,伸髋、挺膝,左脚直线向前蹬出,脚尖朝上,力达脚底或前脚掌;上体正直或微后仰;两拳不变(图 2-26)。

要点:屈膝上提与蹬腿动作要连贯,发力时伸髋、挺膝、蹬腿,发力顺达。

作用:左蹬腿属直线进攻型腿法,主要是正面攻击对手,其路线短、预兆小、动作迅速。一般来说,左蹬腿常用于阻击对手的拳法进攻或抢攻其腰以下部位。例如,垫步抢攻,当双方对峙站立时,突然垫步接近对手,同时,以左蹬腿抢攻其腰以下部位(图 2-27);阻截对手的腿法进攻,当对手想以腿法进攻而有预兆暴露时,急速以左蹬腿阻截其腿部(图 2-28)。

图 2-26　　　　图 2-27　　　　图 2-28

2. 右蹬腿

实战势开始,重心前移,左腿直立支撑,右腿屈膝向上提起,伸髋、挺膝,右脚直线向前蹬出,脚尖朝上,力达脚底或脚前掌。两拳屈臂回收护于胸前(图 2-29)。

右蹬腿的要点和作用均可参考左蹬腿。

3. 左踹腿

实战势开始,重心移至右腿,右脚跟里转,上体向右侧微倾,右腿直立支撑,左腿屈膝合胯向斜上提起,伸髋、挺膝,左脚由屈到伸向左侧直线踹出,脚尖勾紧朝内,脚外缘朝上,力达脚底;目视左脚(图 2-30)。

图 2-29

要点:屈膝上提与上体侧倾要一致,发力起于髋,顺于膝,达于脚,大小腿屈伸要明显,快出快收,协调连贯。

作用:左踹腿是直线进攻型动作。左踹腿因离对手较近,加之与步法的配合灵活,能随时变化和掌握实战的有效距离,同时,左踹腿速度快、力量大,既能主动进攻,又能防守反击,是散手比赛中应用较广的主要方法之一。例如,垫步抢攻,当双方在对峙状态时,突然右脚垫步,以左踹腿抢攻对手的上、中、下三盘(图 2 - 31);侧倒反击对手的拳法进攻,假设对手以冲拳或贯拳攻击上盘,我方迅速侧倒,避开对手拳法攻击,同时以左踹腿反击其中盘以下部位(图 2 - 32)。

图 2 - 30　　　　　图 2 - 31　　　　　图 2 - 32

4. 右踹腿

实战势开始,重心前移至左腿并直立支撑,上体略左转侧倾,左脚跟里转,右腿屈膝合胯向斜上提起,伸髋、挺膝,右脚向右侧直线踹击,脚尖勾紧朝内,脚外缘朝上,力达脚底;两手屈臂护于胸前;目视右脚(图 2 - 33)。

要点:参见左踹腿。

作用:右踹腿能充分借助身体前移的惯性,速度较快,力量很大,也适用于较远距离的实战。例如,抢攻对手,当双方对峙时,以拳法或左腿虚晃一下,迅速以右踹腿抢攻对手上、中、下三盘(图 2 - 34)。

图 2 - 33　　　　　图 2 - 34

5. 左横踢腿

实战势开始,重心后移,右腿直立支撑,上体微向右倾,右脚跟里转,左腿屈膝内扣向斜上提起,伸髋、挺膝、甩腿,左脚向斜前、向内横踢,脚面绷平,小趾外侧朝上,力达脚背后端;两手护于胸前;目视左脚(图 2 - 35)。

要点:左腿屈膝内扣,小腿外翻,发力时以大腿带动小腿,小腿横向甩踢,力点要准。

作用:横踢腿也属横向进攻型的屈伸性腿法,但大小腿的屈伸没有蹬、踹腿那么明显,其主要特点是起动方便,力度较大(右横踢腿尤为突出),是运用较多的进攻方法之一。例如,垫步抢攻对手的上、中、下三盘,实战中双方对峙时,突然垫步逼近对手,同时,以左横踢腿抢攻对手的头部、肋部或前腿内侧(图 2 - 36)。

图 2-35　　　　　　　　图 2-36

6.右横踢腿

实战势开始,重心前移,左腿直立支撑,上体微左转,左脚跟里转,右腿合胯屈膝上提,右脚经外向斜上、向里横踢,脚面绷平,小趾外侧朝上,力达脚背后端;两手收回护于胸前;目视右脚(图 2-37)。

要点:参见左横踢腿。

作用:主动抢攻对手背部或前腿外侧,在双方对峙时,以拳法或前腿虚晃一招后,迅速以右横踢腿抢攻对手的背部或前腿外侧。

(三)摔法

1.进身抱腿摔

实战势开始,左脚向对手两腿之间上步,右脚跟进一步(或右脚上步,左脚跟进),屈膝半蹲,两手抱住对手双腿后,身体起立,视具体情况,可灵活采用抱腿侧摔或抱腿踢腿摔(图 2-38、图 2-39)。

图 2-37　　　　　图 2-38　　　　　图 2-39

要点:进步的同时要进身,动作连贯、迅速;两手与全身用力要一致;上体要尽量贴紧对手的躯干。

2.挟颈摔

实战势开始,当对手以左贯拳进攻时,以右手抓握对手的左臂,同时,上左步,插右步,左手挟搂对手的颈部,右转体 180°,屈膝,接着左手和右手同时向右后下用力,伸腿、弓背、转腰,将对手摔倒(图 2-40、图 2-41)。

图 2-40　　　　　图 2-41

要点：上步、跟步和转身抓、搂要迅速、连贯；进身时双腿要半蹲，臀部要贴紧对手的髋关节，左手按紧对手的颈部；使用摔法时的伸腿、弓背、转腰及两手用力要协调一致。

3. 抱腿勾踢腿摔

对手以左腿进攻被我抱住后，微右转，同时右脚垫步，以左勾踢腿勾踢对手右脚踝关节，左手配合按压其颈部，将对方摔倒（图 2-42）。

当对手以右腿进攻被我抱住后，迅速用右手勾搭其颈部，右脚用力勾踢其左脚踝关节，同时右手配合勾踢动作向右下方按压其颈部，将对方摔倒（图 2-43）。

要点：抱腿后接勾踢动作连接要快；抱腿的手要向上托，勾踢腿的同侧手向勾踢反方向用力，与勾踢的力量交错；注意整个动作要用腰力，使上、下肢动作浑然一体。

图 2-42　　　　　　图 2-43

（四）进攻技术要领

进攻技术是散手技术中的主要组成部分，技术的优劣直接关系着比赛的胜败。因此，掌握好进攻技术是散手学习中的重要任务。任何一个进攻方法都存在动作的起止点、受力点和运行的路线三方面的规格要求，改变任何一个方面，都会导致方法的改变或是错误的动作。因此，每学习一个方法都必须严格要求，并准确地掌握它。散手的进攻技术要领可以归纳为十五字要诀："速度快、力量大、力点准、预兆小、方法巧。"

1. 速度快

拳理上讲"拳似流星眼似电"，"拳打人不知"，"箭来不易躲，因其疾；拳来不易防，因其快"。进攻技术如能打出"快"的特点，就会收到使对手防不胜防的效果。影响动作的快慢，其原因是多方面的。

（1）肌肉力量是基础。进攻动作的完成，最终是靠肌肉的收缩而产生力量，没有力量作为物质保证，想做到快速进攻是不可能的。

（2）掌握用力技法是关键。用力技法要求刚柔相济，先柔后刚，刚后必柔。这种周期性的放松—收缩—放松就是武术用力的技法所在。只有肌肉处在完全放松的状态下，才能产生第二次的最大收缩力量。有的运动员看起来肌肉很发达，但在击踢腿时动作僵硬、滞缓，欲速而不达，没有"寸劲"，其原因就是没有掌握用力的技法。

（3）避免动作"预摆"是根本。每一个进攻方法运行的路线以及动作的起止点是有严格要求的，有的运动员为了加大力量而把动作幅度做得很大，如先收后放、先拉后打等，无意中增加了动作的运行时间，从而达不到快速出击的效果。

2. 力量大

力量大，是指对踢、打、摔的力度要求。散手比赛，运动员处在你追我退或你攻我防的激烈拼搏中，所用方法需有一定的力度，才能有效，才能给对方一种威胁。反之，力度很小，就不能给对方造成威胁。

如何加大攻击方法的力度呢？除了运动员必须具备力量素质外，还要提高全身发力的协调性，在现有素质的条件下发挥出更大的能量。"腿腰肩臂力要聚，出手不凡力自整"；"劲由腰发多根基，贯入两胁四肢躯，发到手脚成一点，丹田叫力山也移"。这些理论充分说明了任何一个动作的发力，都是通过腰而贯至四梢（两手和两脚）。一个动作只靠局部力量是有限的，必须全身协调一致。同时，在发力的一刹那，要配合呼气，屏气蓄劲，以气催力，达到意、气、力三者合一，使力量更加完整。

3. 力点准

进攻技术的力点，是构成技术方法的重要特征，必须准确。力点不准，不仅是方法的错误，而且易造成伤害。如横踢腿，技术要求绷脚面，力点在脚背弓处或小腿胫骨下端，如把力点放在脚背的趾端，则大大地减轻了动作的力度，有时还会踢伤脚趾。

造成力点不准的原因：一是动作外形上的错误，如该绷脚的却放松，该勾脚的却伸直；二是腕、踝等关节部位在用力的一瞬间紧张不够；三是动作运行路线的错误，如勾踢腿时对手较远，着力点落在脚拇趾上。如此种种的错误，要求练习者必须在平时训练中一丝不苟地抓好动作规格，多打移动靶和固定靶，体会动作的准确性，在实践中提高判断和运用能力。

4. 预兆小

所谓预兆，是指做动作前预先暴露了进攻意图。动作有预兆，这是散手运动员普遍容易出现的错误。在比赛中，由于动作有预兆，一旦被对手抓住之后，就为对方创造了反击的时机，从而导致失败。动作预兆有多种表现形式：动作前有的人习惯眨眼、皱眉、咧嘴；有的人身体先往下一松再击打；有的人手、脚明显先回收再出击；有的人打拳先动步；有的人起腿前先倒换重心、上体后仰；等等。克服动作预兆，首先要求练习者在思想上高度重视，每学一个方法都要严格要求，最初应在教师或同伴的指导与监督下练习，也可面对镜子练习，以使动作正确，进而巩固定型。

5. 方法巧

顺其力而破之为巧，逆其力而破之为拙。拳谚说"四两拨千斤"，这就是用法之妙所在。散手比赛靠力量取胜固然重要，但以巧取胜则技高一筹。方法的巧妙，必须与攻击对手的时机、掌握对手的重心、控制动作的力度等有机结合起来，才能收到最佳的效果。

四、防守方法

(一)接触性防守

1. 拍挡

实战势开始，左手(右手)以掌心或掌根为力点，向里横向拍挡(图2-44)。

要点：前臂尽量垂直，拍挡幅度要小，用力短促；注意避开对方发力的力点，防守直拳时，拍挡对方手腕的外侧或拳背，防守腿法时，拍挡对方的踝关节或胫骨正面。

作用：防守对方以直拳或横向腿法向我上盘进攻(图2-45)。

2. 挂挡

左手(右手)屈臂，以前臂外侧为力点，向同侧头部外发力挂挡(图2-46)。

图2-44

　　要点：上臂与前臂相叠，紧靠于头部外侧，肘关节下垂，上体含胸，防守面要大，接触对方的一瞬间手臂肌肉要紧张，同时注意缓冲。

　　　　　　图 2 - 45　　　　　　　　　　图 2 - 46

　　作用：防守对方以横向的手法或腿法向我中、上盘进攻，如左右贯拳或左右横踢腿等（图2 - 47、图2 - 48）。

　　　　　　图 2 - 47　　　　　　　　　　图 2 - 48

3. 拍压

　　左拳（右拳）变掌，以掌心或掌根为力点，由上向前下快速拍压，发力要干脆，拍压后迅速还原（图 2 - 49）。

　　要点：拍压时臂弯曲，手腕和掌指要紧张用力，臂内旋，虎口、指尖均朝内。当对方攻势猛、力量大时，拍压的同时可配合前腿步法后撤。

　　作用：防守对方以直线手法或腿法向我中、下盘进攻，如下冲拳和蹬、踹腿等（图 2 - 50）。但对方的进攻低于膝关节时，不宜使用拍压，可采用提膝防守。

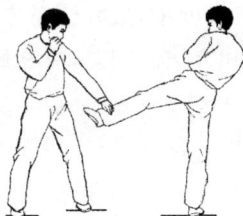

　　　　　　图 2 - 49　　　　　　　图 2 - 50

4. 外抄

　　左手（右手）臂外旋弯曲，上臂接近垂直，前臂近似水平，手心朝上。同时，右手（左手）屈臂紧贴胸前，立掌，手心朝外，手指朝上（图 2 - 51）。

　　要点：两手上臂紧护躯干，两手心成钳子状，抱腿时两手相合锁扣。

　　作用：接抱对手以横踢腿向我中、上盘进攻，如外抄右横踢腿（图 2 - 52）。

图 2 - 51　　　　　　　　图 2 - 52

5.里抄

左手(右手)臂微屈并外旋,紧贴腹前,手心朝上。同时右手(左手)屈臂紧贴胸前,立掌虎口朝上,掌心朝外(图 2 - 53)。

要点:两臂紧贴体前,保护胸、腹部,抱腿时右手(左手)掌心朝下与左手(右手)相合锁扣。

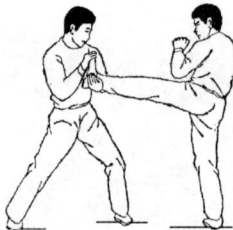

图 2 - 53　　　　　　　　图 2 - 54

用法:抄抱对手以直线腿法或横线腿法向我上、中盘攻击的腿,如正面的蹬、踹腿等(图 2 - 54)。

(二)非接触性防守(躲闪)

1.侧闪

当对手从正面进攻时,右脚蹬地(以左侧闪为例),重心移至左脚(或下肢作后圈步、绕环步),上体左移,同时以腰为轴向右转,使对方攻击从体侧经过。

要点:侧闪动作要速度快、幅度小,最好让对方的进攻擦身而过;动作时机要把握好,不要太早,以防对方变换进攻路线和方法。同时,可在侧闪的同时配合挂挡、拍压等接触性防守,以增强防守的效果。

用法:对方用蹬腿或踹腿进攻腹部时,运用侧闪让开对方的脚掌,使其进攻落空。

2.下潜

当头部受到对方攻击时,两腿微屈,重心下降,缩颈低头,双手护住头部,让对方攻击从头上掠过。

要点:下蹲幅度不要太大;动作过程中,微低头,双手不要挡住视线,眼睛始终要盯住对手;让开进攻后,要迅速站起,还原成实战势。

用法:对方用直拳进攻头部,当拳接近面部时,迅速下潜,从头上让过对方拳法,同时,可用拳法还击其中盘。

3.后仰

前脚蹬地,后脚尖点地,重心移至后脚,上体微后仰。

要点:上体不要挺胸、腹,后仰时身体距离进攻的拳脚越近越好,便于反击。

4.提膝

实战势开始,重心移至后腿,前腿(左前右后)屈膝提起离地(图 2 - 55)。

要点:重心后移,含胸收腹,提腿迅速,根据对手腿法进攻的路线、方位,膝盖分别有里合、外摆或垂直向上的变化。

用法:防守对手从正面或横向以腿法攻击下盘部位,如低踹腿、弹腿、低横踢腿和勾踢腿等(图 2 - 56)。

图2 - 55　　　　　　　　图 2 - 56

(三)防守技术要领

准确、巧妙的防守,一则能保护自己,二则能为更好的进攻创造条件。拳经说:"攻中能守手不丢,守中善攻练家愁,严守只为攻必进,能攻才能好防守。"防守是积极主动的,其目的是为了更好地进攻。防守技术总的要求是对对手的进攻时间、运行路线、攻击方法和部位都要反应敏捷、判断准确,达到自动化程度。但两类不同的防守方法,其技术要求是有区别的。

1.闪躲性防守要求时机恰当,位移准确,整体协调

(1)时机恰当。时机恰当是要求防守的时间与进攻时间要恰到好处,不早不晚。闪躲过早,对手转移进攻,晚了则有被击中的可能。所以,要求练习者须具备较好的反应能力。

(2)位移准确。位移准确是指躲闪对方的进攻时,身体姿势的改变或距离的移动要有高度的准确性。初学者,往往都会闪躲幅度过大或距离移动过长,因而始误战机。

(3)整体协调。整体协调是对身体协调性的要求。不论是前避后撤,还是左右躲闪,都必须注意整体性、一致性,才能收到好的防守效果。

2.接触性防守要求防守面大,动作幅度小,还原转换快

(1)防守面要大。在实战姿势中已谈到,实战过程中也要立足于防一片,不要防一点,尽力提高防守的成功率。

(2)动作幅度小。这是防守技术中不容易做到的,特别是缺乏实践经验的运动员,由于紧张与恐惧心理的影响,加之正确动作未定型,一遇对手(尤其是强手)的进攻,就手足无措,只想迎挡对手而使动作幅度过大,暴露更大的空档,给对手转移进攻的机会。防守动作幅度要小,应以防守的效果和是否有利于反击为准,不能只讲幅度小而失去了防守和反击的作用。

(3)还原转换快。还原转换快是指防守后转为进攻的时间间隔要短,如防左转防右、防上转防下,或者由进攻转防守等的变换过程。动作间的转换如何才能做得快,这与动作幅度和结构有关,幅度大转换慢,结构不合理也影响转换的速度。合理的攻防动作结构应该是:打上防下、打下防上、击左护右、击右护左。这样既便于攻防的转换,也能给对手一种攻之有法、防之严密的畏惧感。

（四）防守反击技术要领

防守反击是一种复合技术，它是由防守与进攻技术组合而成的。反击技术运用得成功与否，除正确、熟练地掌握防守与进攻技术，使其达到自动化程度外，还需把握防守反击的时机和培养防守反击的意识。

防守反击的时机：一是在对手将要进攻或已暴露迹象但未出击动作之前；二是在对手进攻落空尚未转入防守的瞬间。

防守反击的意识，关键是要克服心理上的不利因素。有的运动员在实战时缺乏自信心，使用方法犹豫不决，往往错过了反击的时机；也有的运动员由于胆怯，畏惧对手的进攻，一味退闪，消极逃脱；等等。这些都必须在训练中加以克服。

防守反击的形式有三种：一是先防守后反击，二是防守的同时施以反击，三是以攻代防。

五、散手战术

我国散手技术博大精深，源远流长，各家打法都有独到之处。同时，每个人都有一定的技术特点和身体高矮、力量大小之别，所以要根据对方的特点、技术来决定自己的打法。

（一）遇进攻凶猛的对手应采用的战术

对手进攻十分凶猛，他的防守相应会差一些。因此，在激烈的对抗中，应多使用后退时反攻的战术。

如对方用快而密的拳法进攻，你除用手、臂防守外，可在后退中踹击对方的大腿。这时对方注意力集中在上盘，而且进攻速度较快，你起腿进攻很容易踹中对方。对方被踹中，进攻速度受阻，动作自然会慢下来，或者突然停止进攻，这时连续反攻效果较好。

如对手用腿法连续进攻，你除用两臂格挡和提膝阻挡外，要耐心观察，寻找反击的时机。当对方进攻速度稍慢时，马上起腿反攻，或者等对方将要起腿时，你马上出腿阻击对方的大腿。击中后重心前移，用拳法攻击对方上盘。如对方后退，可用腿法追击，如对方不退，可使用抱腿等摔法。另外，摸清对方以哪条腿进攻为主、使用什么腿法，然后可用接腿摔法破之。

（二）遇防守为主的对手应采用的战术

对手十分稳重，进攻较少，应采用一逼、二假、三连打的战术，力求进攻的准确性，用强有力的进攻压倒对方，使对方技术得不到正常发挥。如在对抗中用灵活的步法接近对方，结合假动作迷惑对方，突然连续进攻，不给对方喘息机会。

另一种方法是采用游击战术，突然进攻之后立即远离对方，作防守反击准备，想方设法激怒对方，使对方技术失调。如用快速的步法突然逼近对方展开闪电般的进攻，不等对方反攻又快速地远离对方，不可恋战。如对方追击而且很凶，你要快速逃脱，消极防守片刻，等对方消耗一定的体力后，其进攻速度自然会慢下来，这时再猛烈还击，方可一举获胜；如对方不追击，调整体力后继续用以上方法进攻，千万不可急躁。

（三）遇高个子对手应采用的战术

"短打长，脚下忙。"与高个子对手格斗，就要加强防守对方远距离进攻，因为对方臂长、腿长。同时也要抓住对方动作慢的弱点，采用灵活的步法破敌。尤其是进攻时的步法要快速敏捷，要不断地变换角度从两侧、后面击打对方，击打后快速远离对方。如对方摔法较好，撤离的速度需要更快，同时还要击打对方，更要做好防摔准备；如对方力量、摔法较差，就多做近身打和靠身摔。另外，结合指上打下、声东击西的迷惑动作使对方顾上不能顾下、顾左不能顾右，注意力分散,处于忙乱的防守之中。

(四)遇矮个子对手应采用的战术

"一寸长一寸强。"如对方身体较矮,动作灵活,要防止他近身摔、打。此时的破敌办法,多用拳法、腿法威胁对方,寻找时机突然进攻,同时,要做到步法稳重,保持良好实战站立姿势。如对方抱腿摔较好,进身较快,你重心要稍降低一些,当对方进身时,重心迅速下降,采用合理防摔动作破之,或者用勾拳准确地击打对方面部。同时,要控制对方近身的速度,以便避开困境。

总之,散手比赛中,场上的攻防动作是千变万化的,要善于观察对方的行动,掌握好时机,选用好方法,果断勇敢地进攻,随着场上的变化,不断地改变战术,才能收到良好的效果。

第三节 散手比赛知识

一、散手比赛的裁判人员

散手比赛时,裁判人员有总裁判长 1 人,副总裁判长 1～2 人,裁判长、副裁判长、台上裁判员、记录员、计时员各 1 人,边裁判员 5 人,编排记录长 1 人,检录长 1 人,另外还有辅助裁判人员(编排记录员 2～3 人、检录员 4～5 人、医务人员 3～5 人、宣告人员 1～2 人)。

台上裁判员的主要职责是:严格执行规则,公正裁判;检查场上运动员的护具,保证安全比赛;用口令和手势指挥运动员进行比赛;判定运动员倒地、下台、犯规、消极、强制读秒、得分、临场治疗等有关事宜;宣布每场比赛结果。

每场比赛有 5 名边裁判员,他们的主要职责是:根据规则记录运动员的得分;每局结束后根据裁判长信号,迅速显示评判结果;每场比赛结束在记分表上签名并保存,以备检查核实。

二、散手比赛的运动员

成年运动员的参赛年龄为 18～35 周岁,青少年运动员的参赛年龄为 15～18 周岁。运动员在报名时,必须携带《运动员注册证》及本人 20 天以内县级以上医院出具的包括脑电图、心电图、血压、脉搏等指标在内的检查证明。同时,运动员必须有参加比赛的人身保险证明。

散手比赛按运动员体重分为 11 个级别,具体如下:

①48 公斤级(48 公斤以下,含 48 公斤);
②52 公斤级(48 公斤以上～52 公斤);
③56 公斤级(52 公斤以上～56 公斤);
④60 公斤级(56 公斤以上～60 公斤);
⑤65 公斤级(60 公斤以上～65 公斤);
⑥70 公斤级(65 公斤以上～70 公斤);
⑦75 公斤级(70 公斤以上～75 公斤);
⑧80 公斤级(75 公斤以上～80 公斤);
⑨85 公斤级(80 公斤以上～85 公斤);
⑩90 公斤级(85 公斤以上～90 公斤);
⑪90 公斤以上级(90 公斤以上)。

运动员必须穿戴大会指定的护具。散手比赛用的护具有拳套、护头、护齿、护胸、护裆、护腿、赤脚穿护脚背。穿着与比赛护具颜色相同的背心和短裤,护裆必须穿在短裤内。比赛的护具分红、黑两种。拳套的重量按体重级别有所不同,65公斤级及以下级别的拳套重230克;70公斤级及以上级别的拳套重280克。

比赛前,运动员先经过资格审查,然后称量体重。运动员必须按照大会规定的时间到指定地点称量体重,称量体重是裸体或只穿短裤,并在1小时内称完,逾期取消全部比赛资格。称量体重先从体重轻的级别开始,如体重不符,或在规定的称量时间内达不到报名级别时,则不准参加以后所有场次的比赛。每天参赛的运动员统一称量一次体重。

三、散手比赛的过程

(一)比赛前常规程序

(1)检录员检录(检录时不到场按弃权处理)和接受医生检查。

(2)宣告员介绍仲裁委员会成员、裁判员、运动员。介绍运动员时,运动员向观众行抱拳礼。

(二)比赛常规程序

(1)台上裁判员示意运动员上场,让双方运动员行抱拳礼,然后发出"预备——开始"口令开始比赛。

(2)每场比赛采用三局两胜制,每局净打2分钟,局间休息1分钟。

(3)比赛结束时,由宣告员宣布比赛结果。宣布结果时,运动员交换站位,台上裁判员站在双方运动员之间,举起获胜运动员的手臂表示谁是胜方。

(4)宣布结果后,运动员先相互行抱拳礼,再同时向台上裁判员行抱拳礼,裁判员回礼;然后向对方教练员行抱拳礼,教练员回礼。

四、散手比赛的评判

(一)有关概念

(1)得分部位:头部、躯干、大腿。

(2)禁击部位:后脑、颈部、裆部。

(3)禁用方法:用头、肘、膝和反关节的动作进攻对方;用迫使对方头部先着地的摔法或有意砸压对方;用任何方法攻击主动倒地方的头部和被动倒地方。

(4)可用方法:除禁用方法外的武术各流派的攻防招法。

(二)得分标准

(1)得2分:一方下台,另一方得2分;一方倒地(两脚以外任何部位接触台面),站立者得2分;用腿法击中对方头部、躯干,得2分;使用主动倒地的动作使对方倒地,而自己顺势站立者得2分;被强制读秒一次,对方得2分;受警告一次,对方得2分。

(2)得1分:用手法击中对方头部、躯干部位,得1分;用腿法击中对方大腿,得1分;先后倒地,后倒地者得1分;用主动倒地的动作致使对方倒地,而自己不能顺势站立者,得1分;运动员被指定进攻8秒钟后仍不进攻,对方得1分;主动倒地3秒钟不起立,对方得1分;受劝告一次,对方得1分。

(3)不得分:方法不清楚,效果不明显;双方下台或同时倒地;用方法主动倒地,对方不得分;抱缠时击中对方。

(三)犯规与罚则

(1)技术犯规:消极搂抱对方;处于不利状况时举手要求暂停;有意拖延比赛时间;比赛中对裁判员有不礼貌的行为或不服从裁判;上场不戴或有意吐落护齿、松脱护具;运动员不遵守规定的竞赛礼节。

(2)侵人犯规:在口令"开始"前或喊"停"后进攻对方;击中对方禁击部位;以禁用的方法击中对方。

(3)罚则:每出现一次技术犯规,劝告一次;每出现一次侵人犯规,警告一次;侵人犯规达3次,取消该场比赛资格;运动员故意伤人,取消比赛资格,所有成绩无效;运动员使用违禁药物,或局间休息时输氧,取消比赛资格,所有成绩无效。

(四)暂停比赛

暂停比赛的情形有:运动员倒地(主动倒地除外)或下台时;运动员犯规受罚时;运动员受伤时;运动员互相抱缠没有进攻动作或无效进攻超过2秒时;运动员主动倒地超过3秒时;运动员举手要求暂停时;裁判长纠正错判、漏判时;处理场上问题或发现险情时;因灯光、场地等客观原因影响比赛时;被指定进攻超过8秒仍不进攻时。

(五)胜负判定

(1)优势胜利:①在比赛中,双方实力悬殊,台上裁判员征得裁判长的同意,判技术强者为该场胜方。②被重击(侵人犯规除外)倒地不起达10秒,或虽能站立但知觉失常,判对方为该场胜方。③一场比赛中,被重击强制读秒(侵人犯规除外)达3次,判对方为该场胜方。

(2)每局胜负评定:①在每局比赛结束时,依据边裁判员的评判结果,判定每局胜负。②一局比赛中,一方受重击被强制读秒(侵人犯规除外)2次,另一方为该局胜方。③一局比赛中,一方2次下台,另一方为该局胜方。④一局比赛中,双方出现平局时,按本局受警告、劝告少者,当天体重轻者的顺序判定胜负,如上述三种情况仍相同,则为平局。

(3)每场胜负评定:①一场比赛,先胜两局者为该场胜方。②比赛中,运动员出现伤病,经医生诊断不能继续比赛者,判对方为该场胜方。③比赛中因一方犯规,另一方诈伤,经医务监督确诊后判犯规一方为该场胜方。④因对方犯规而受伤,通过医务监督检查确认不能继续比赛者,为该场胜方,但胜方不得参加以后的比赛。⑤循环赛时,一场比赛中,如获胜局数相同时,则为平局。⑥淘汰赛时,一场比赛中,如获胜局数相同,则依受警告、劝告少者的顺序决定胜负。如仍相同,则加赛一局,依此类推。

(4)名次评定:淘汰赛时,直接产生名次。循环赛时,积分多者名次列前,若两人或两人以上积分相同时,按下列顺序排列名次:①在循环赛过程中总获胜局数多者名次列前;②累计受警告少者名次列前;③累计受劝告少者名次列前;④平均体重轻者名次列前(以体重记录为准)。

五、散手比赛场地

比赛场地为高60厘米、长800厘米、宽800厘米的木质结构的平台。台面上铺有软垫,软垫上铺有盖单,台中心画有直径120厘米的中国武术协会会徽。台面边缘有5厘米宽的红色边线;台面四边向内90厘米处有10厘米宽的黄色警戒线。台下四周铺有高30厘米、宽200厘米的保护软垫。

六、散打比赛赛制情况

目前常见的散打赛事有：全国散打锦标赛（男、女团体赛和冠军赛）、全国青少年散打锦标赛、全运会散打比赛、亚运会散打比赛、世界杯散打比赛、世界散打锦标赛。

第三章　软式擒拿

第一节　软式擒拿概述

中国传统武术技艺分为四大类：踢、打、摔、拿。拿法即擒拿，是武术各门类中最核心的技术，涉及各种武术体系基本理论和技巧核心。拿法中又分为"分筋、错骨、点穴"三种技术，最常见的为"错骨术"，即造成人体关节错位的技术。这一技术又根据"主力"和"主技"分为硬式擒拿和软式擒拿两类，硬式擒拿是利用强大的力量对对方的反关节施压造成对方关节错位的技术，而本章所涉及的就是以技巧和柔韧、协调性为主的软式擒拿技术。

在武术技术长期的发展过程中，尤其是从最初的军事技术到民间健身、自卫体系形成，主要确定了四种徒手技术——踢、打、摔、拿。其中，"踢"是指腿法，特点是力量大、攻击距离远。"打"是指手法，包括拳、掌、勾、指、节的打法，其特点速度快、变化多、攻击距离短。"摔"是指摔法，是贴身近战时使用的技术，其特点是攻防转换彻底，但是只适合单人对单人，并受双方的体重差局限，当攻守双方体重差过大时，摔法技巧就会应用无效。"拿"是指擒拿技术，其中"擒"和"拿"是一对矛盾技术，"擒"是通过抓、握、搂、抱、锁、点、掐等技法控制对方的技术；"拿"是被擒后的解脱和反制技术，也属于贴身近战的技术，与"摔"相比，"拿"不受攻守双方体重差的限制，讲究一招制敌，但是它在非接触距离内没有应用实效。因此，武术中踢、打、摔、拿技术各有其应用场景，它们组成完整技击体系，各有利弊，又相互补充，同时各技术不能相互取代和偏废，否则武术技击"远踢近打贴身摔"体系就不完整，这也是武术与世界上其他技击术之间的根本区别。

大学课堂里学习擒拿技术是以自卫技术为主，也就是主要学习"拿法"技术，即当自身身体被侵犯时使用的解脱和反制技术，以摆脱危险，达到自卫的目的。在日常生活中，运用踢、打、摔技术进行实战难以避免过失伤人或受伤，而擒拿技术能够自主控制危害程度，这也是其他武术技法所不能比拟的。另外，由于大学生一般身体素质基础较低，不具备硬式擒拿所需要的力量，而分筋和点穴技术又需要中医经络学相关理论，所以以技巧、柔韧和协调性为基本要素的软式擒拿就显得恰到好处了。需要注意的是，在遇到非身体接触距离的侵害时，擒拿技术无效；当攻防双方的力量绝对值相差太大时，擒拿技术无效；当单人对多人不同部位擒法时，拿法无效。

在课程里所涉及的软式擒拿技术主要分为远端、中端和贴身擒拿技术。远端擒拿技术是指肘关节以下被人擒抓的擒拿技术；中端擒拿技术是指躯干被人用手擒抓的擒拿技术；贴身擒拿技术是指被搂抱、锁喉等躯体间无间隙被手臂控制的擒拿技术。

第二节　软式擒拿技术

一、软式擒拿演练的基本概念

1. 主练和陪练

练习方为主练(图 3-1 蓝方),配合练习的一方为陪练(图 3-1 白方)。

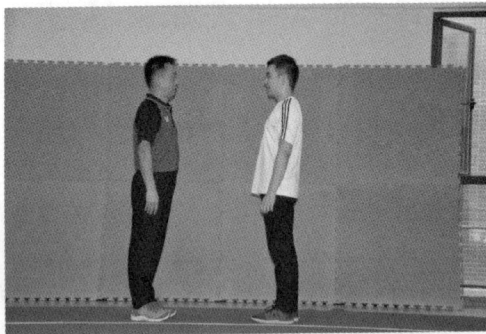

图 3-1

2. 异侧手和同侧手

主练与陪练对面站立,体前手臂有交叉的为异侧手(图 3-2)。例如,陪练的右手抓主练的右手,在体前有交叉,谓之异侧手。

图 3-2

体前手臂无交叉的为同侧手,如陪练的左手抓主练的右手(图 3-3),反之亦然。

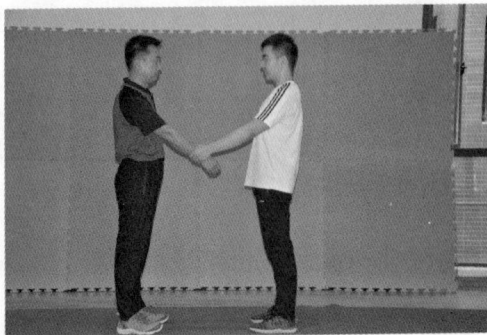

图 3-3

二、远端擒拿技术

(一)异侧手抓腕擒拿技术

1. 翻花搅浪

陪练用右手抓住主练的右手手腕,主练右手握住陪练右手手腕,左手按压住陪练的右手手背(图3-4)。

图 3-4

主练从自己的左腿后向左侧撤右脚,然后翻身从陪练的右手下翻过,致使陪练在主练的右肩位置形成由腕、肘、肩组成的三角形水平(图3-5、图3-6)。

图 3-5

图 3-6

主练一边右旋陪练手腕一边向左腿膝关节位置下拉,迫使陪练侧身倒在主练左腿旁,主练用右腿膝盖跪压陪练右侧肋骨(图3-7)。

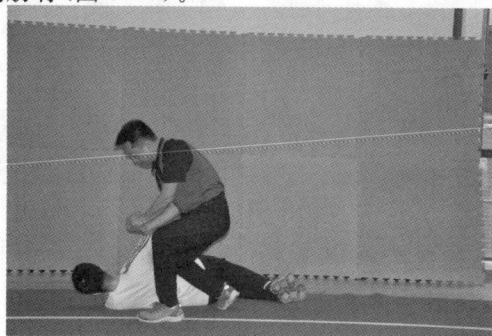

图 3-7

然后,旋转上提陪练右臂,会造成陪练腕、肘、肩三关节脱臼。

2.叶底游鱼

陪练用右手抓住主练的右手手腕,主练右手握住陪练右手手腕,左手按压住陪练的右手手背[图3-8(正面)、图3-9(反面)]。

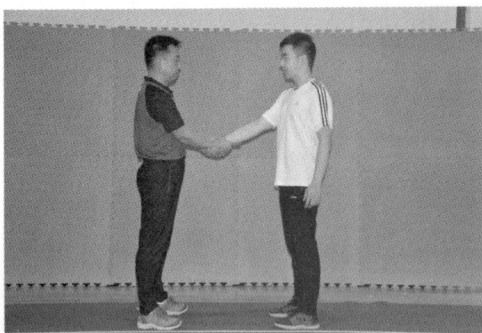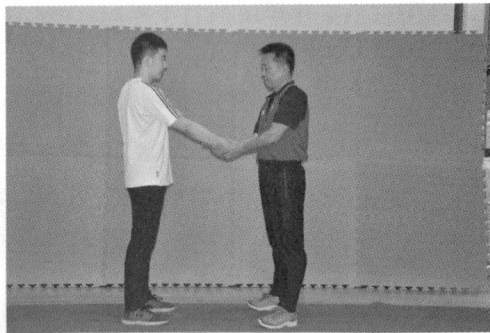

图3-8　　　　　　　　　　　　　　　图3-9

主练向外摆动陪练右臂,上右脚至陪练身体右后侧[图3-10(正面)、图3-11(反面)]。

图3-10　　　　　　　　　　　　　　　图3-11

主练用右手心贴住陪练右手背,抓住陪练无名指和小拇指[图3-12(正面)、图3-13(反面)]。

图3-12　　　　　　　　　　　　　　　图3-13

主练再用左手抓住陪练的食指和中指,然后两手同时向右推压陪练的手掌[图3-14(正面)、图3-15(反面)],致使陪练头部着地[图3-16(正面)、图3-17(反面)],并造成陪练右手指关节和肘关节脱臼。

图 3 - 14

图 3 - 15

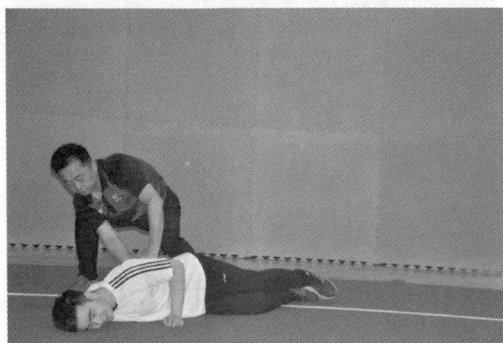

图 3 - 16

图 3 - 17

(二)同侧手擒拿技术

1. 风卷云回

陪练的左手抓住主练的右手手腕(图 3 - 18)。

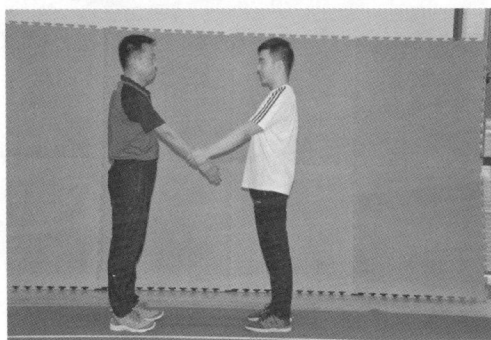

图 3 - 18

主练上右脚,站在陪练的左侧,然后转体 180°,右手屈肘,与陪练肩并肩(图 3 - 19)。

主练左手手心向上,四指握住陪练左手的大鱼际,大拇指按在陪练手背上,右手从陪练的左手中脱出,然后主练右手大拇指向下从陪练的左手虎口处放入,然后右手四指从陪练的手背外抓住陪练左手的四个手指,主练上左脚(图 3 - 20)。

图 3 - 19

图 3 - 20

　　主练退右脚,双手向右旋转下拉至自己的右膝出,陪练侧身倒在主练的右膝处,主练用左腿膝盖跪压在陪练的左肋处,然后继续右旋上提陪练的左臂,造成其左臂腕、肘、肩三关节脱臼(图 3 - 21)。

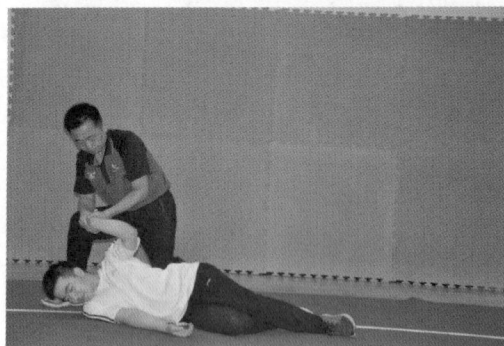

图 3 - 21

2.抄碟撒豆

陪练的左手抓住主练的右手手腕(图3-22)。

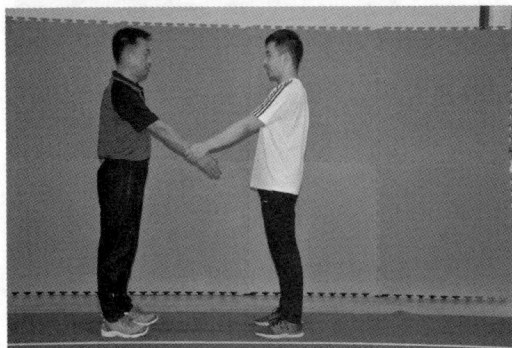

图3-22

主练上右脚,站在陪练的左侧,然后转体180°,右手屈肘,与陪练肩并肩(图3-23)。

图3-23

主练左手掌心向上,四指抓住陪练左手的大鱼际,大拇指按在陪练左手的手背处,主练右手大拇指按在陪练的眉心,四指按在陪练的头部前侧迫使陪练头部后仰(图3-24)。

图3-24

主练向右斜后方退步,右手继续按压陪练的头部前侧,致使陪练后脑着地,同时左腿膝盖跪压至陪练腹部,左手内旋固定住陪练的左臂关节(图3-25)。

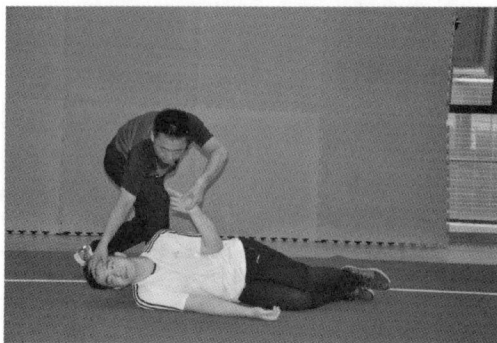

图 3-25

待陪练头部着地后，主练右手大拇指从陪练左手的虎口处放入陪练的左手心，主练右手四指从陪练手背外侧抓住陪练左手四指，然后双手向上提拉，造成陪练左臂腕、肘、肩三关节脱臼（图 3-26）。

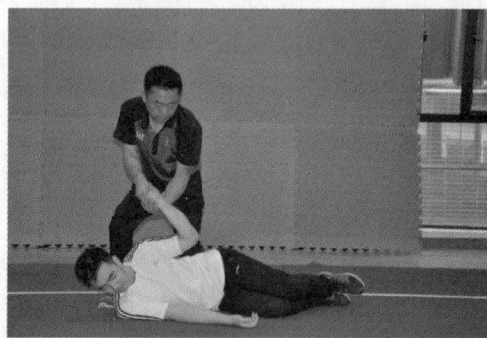

图 3-26

（三）双腕被抓擒拿技术

1.橹摇船退

陪练双手抓住主练双手手腕（图 3-27）。

图 3-27

　　主练右脚向右前方上一小步，同时左手掌心向上翻至陪练右手腕之上，右手上调至陪练左手腕之上[图3-28（正面）、图3-29（反面）]。

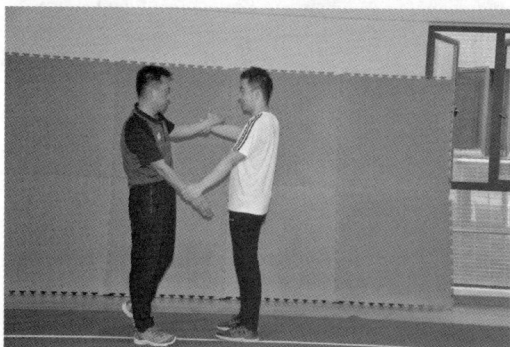

图 3-28

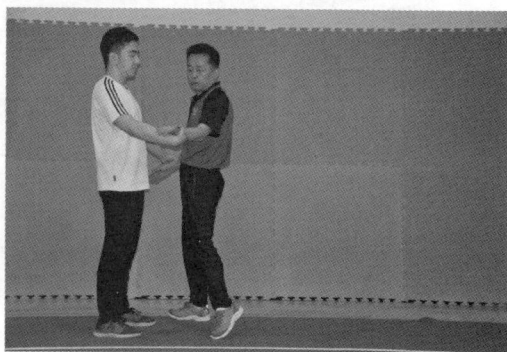

图 3-29

　　主练上左脚至陪练右脚外侧，左手反抓陪练右手腕内侧，右手穿至陪练左臂腋下[图3-30（正面）、图3-31（反面）]。

图 3-30

图 3-31

　　主练上右脚至陪练的双腿之后[图3-32（正面）、图3-33（反面）]。

图 3-32

图 3-33

　　主练右臂向前平摆陪练的胸部，右腿向后扫摆陪练的双腿，导致陪练后脑先着地[图3-34（正面）、图3-35（反面）]。

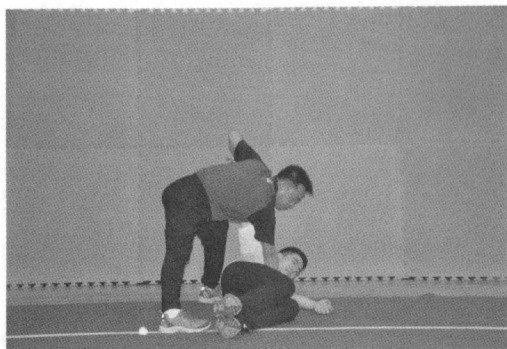

图 3 - 34

图 3 - 35

　　主练左手腕内旋交至右手掌,主练右手掌心按住陪练的右手背,右手抓住陪练右手的小鱼际,主练左手按在陪练的右手心里,主练上体向右转体 180°,左膝跪压在陪练的颈部侧面,左手肘关节击压陪练右手肘关节外侧,双手向下按压陪练的腕关节,造成陪练颈椎、肘关节和腕关节的脱臼[图 3 - 36(正面)、图 3 - 37(反面)]。

图 3 - 36

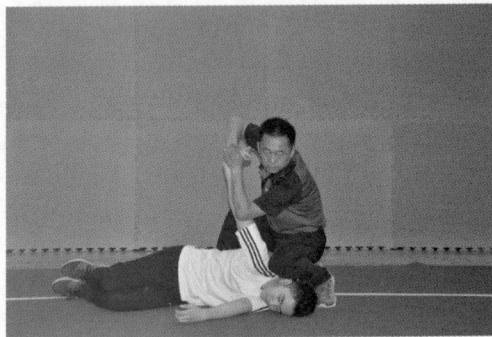

图 3 - 37

2. 樵夫担柴

陪练双手抓住主练双手手腕(图 3 - 38)。

图 3 - 38

　　主练向右摆动被抓的双臂[图 3 - 39(正面)、图 3 - 40(正面)]。

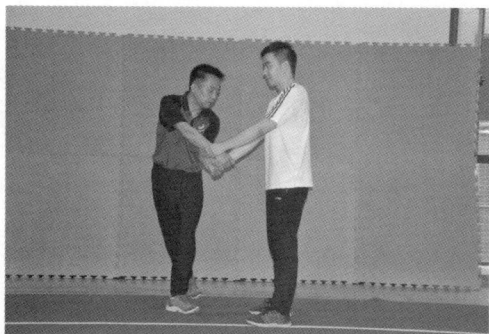

图 3 - 39

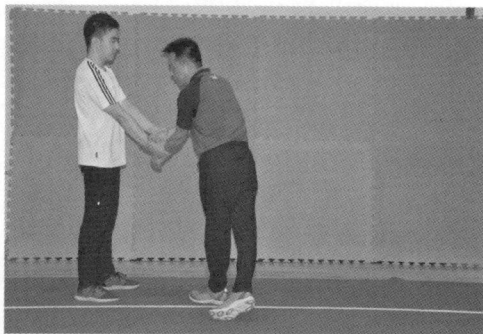

图 3 - 40

主练撤右脚转体 180°，并将陪练的双臂肘关节放在自己的左肩上。注意，一定要让陪练的左臂伸直并保持左手掌心向上［图 3-41（正面）、图 3-42（反面）］。

图 3 - 41

图 3 - 42

主练用右臂下压陪练的左臂，主练的左肩上顶陪练的左臂肘关节，造成陪练左臂肘关节脱臼［图 3-43（正面）、图 3-44（反面）］。

图 3 - 43

图 3 - 44

三、中端擒拿技术

（一）体前异侧手搭肩

1. 红袖端灯

陪练用右手搭在主练的右肩上［图 3-45（正面）、图 3-46（反面）］。

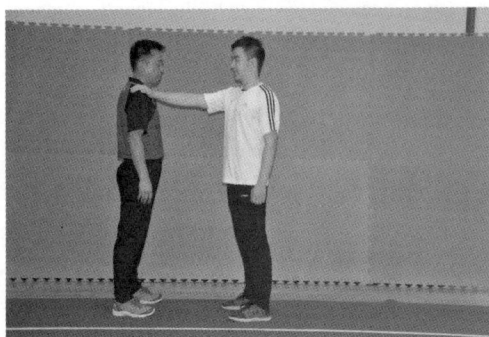

图 3－45

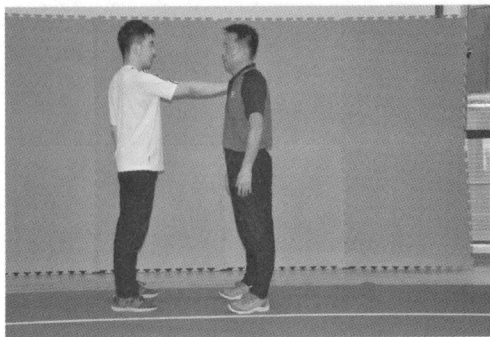

图 3－46

主练用左手按住陪练的右手,同时向陪练的右侧上左脚迈一步[图 3－47(正面)、图 3－48(反面)]。

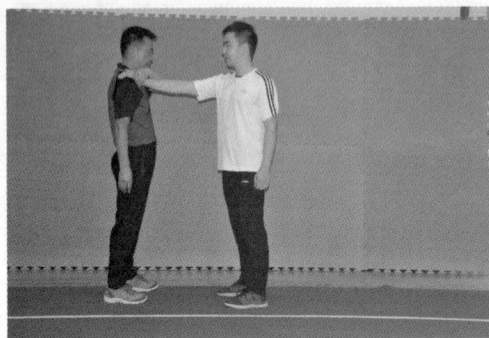

图 3－47

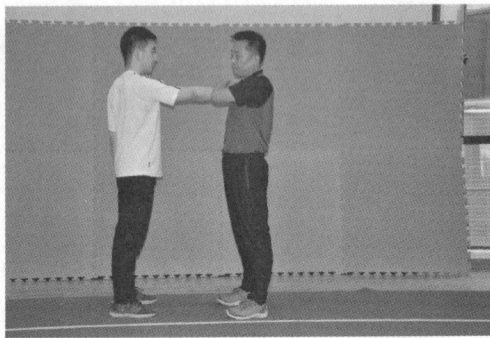

图 3－48

主练用右手肘关节下压至陪练肘关节[见图 3－49(正面)、图 3－50(反面)]。

图 3－49

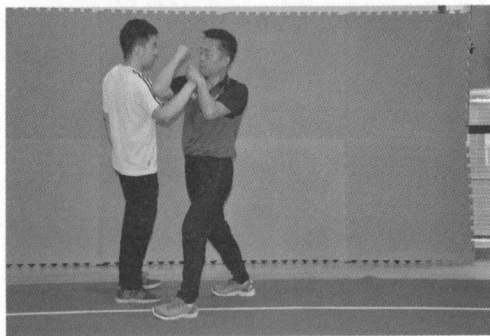

图 3－50

主练上体右转,肘关节向右尽力收至腰间,待陪练靠近主练躯干用左手端住陪练下巴[图 3－51(正面)、图 3－52(反面)]。

图 3 - 51

图 3 - 52

　　主练撤左脚转体 180°迫使陪练腹部贴地,主练右腿膝盖跪压陪练的腰椎。本动作能致使陪练的颈椎、腰椎、肩关节错位和脱臼[图 3 - 53(正面)、图 3 - 54(反面)]。

图 3 - 53

图 3 - 54

2.霸王卸甲

　　陪练用右手搭在主练的右肩上[图 3 - 55(正面)、图 3 - 56(反面)]。

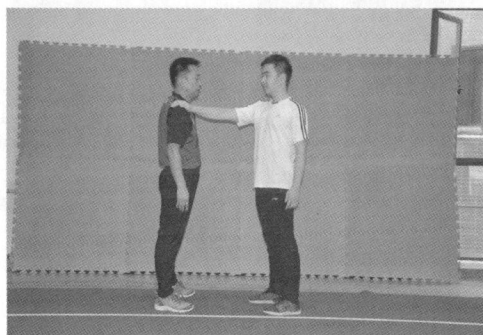

图 3 - 55

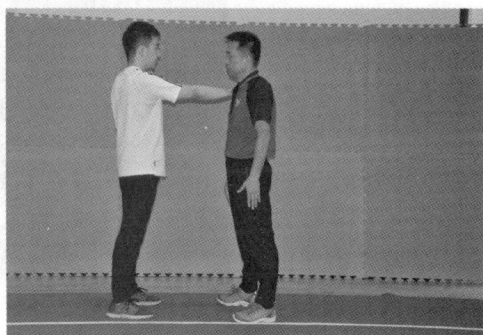

图 3 - 56

　　主练左手托住陪练右臂肘关节,右手大拇指放入陪练右手掌,四指从手背处抓住陪练的右手四指[图 3 - 57(正面)、图 3 - 58(反面)]。

图 3-57

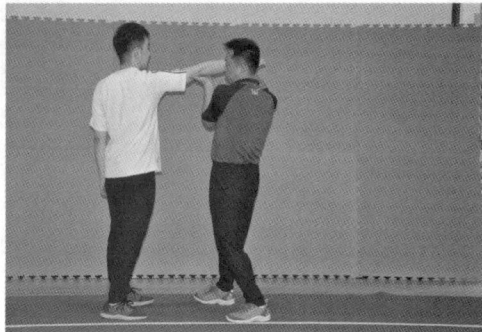
图 3-58

　　主练右手对着陪练右肩处,将陪练小臂折叠回去,将陪练的右肘放在主练的右肩上,左手帮助右手回压陪练右手手背,使陪练的右臂成为固定在主练右肩的三角形[图 3-59(正面)、图 3-60(反面)、图 3-61(反面)]。

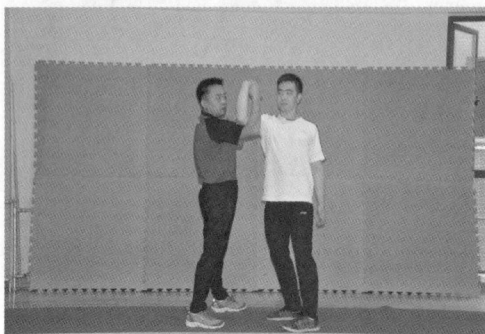
图 3-59

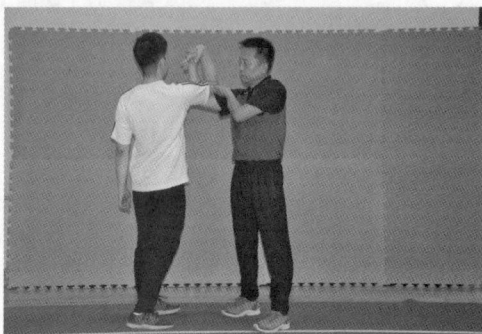
图 3-60

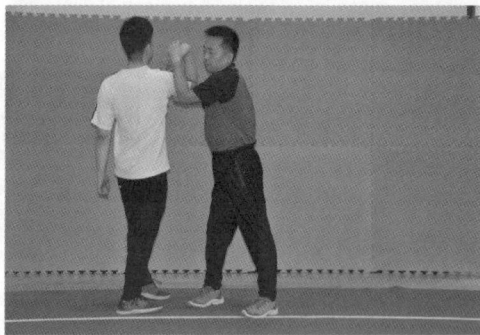
图 3-61

　　主练退步转体 180°,右肩上提,双手向左膝方向下压,放倒陪练,并用右膝跪压陪练左肋,造成陪练腕关节、肘关节脱臼,肋骨骨折[图 3-62(正面)、图 3-63(反面)]。

图 3 - 62

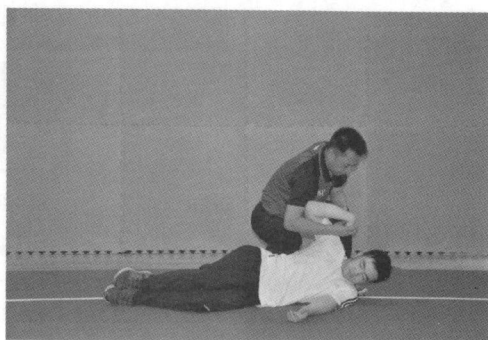

图 3 - 63

(二)体前同侧手搭肩

1. 童子拜佛

陪练左手搭在主练右肩上(图 3 - 64)。

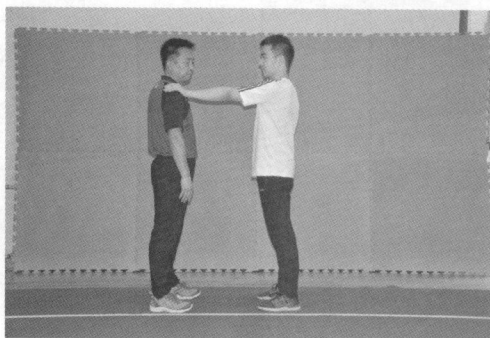

图 3 - 64

主练左手按住陪练左手,上体左转提右肩,并用四指抓住陪练左手的小鱼际,用大拇指按在陪练左手的手背上,让陪练左手小拇指一侧向上成立掌[图 3 - 65(正面)、图 3 - 66(反面)]。

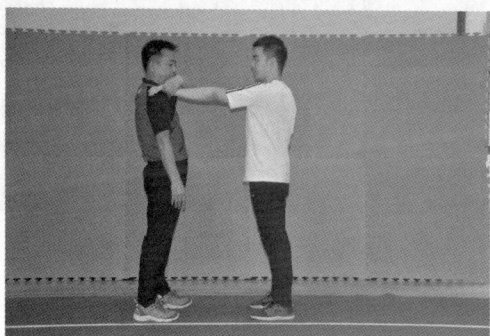

图 3 - 65

图 3 - 66

左脚撤步上体前倾,右手向外钩挂陪练左臂肘关节,同时主练左手保持陪练左手小拇指一侧朝上前推(图 3 - 67、图 3 - 68)。

图 3－67

图 3－68

　　右脚后撤，右手掌合至主练左手大拇指与陪练左手大拇指处，前推陪练的左手立掌的食指一侧，切记，主练合掌前推时，必须保证陪练的左手小拇指一侧朝上成立掌，它与小臂的夹角越小越好（图 3－69 至图 3－72）。

图 3－69

图 3－70

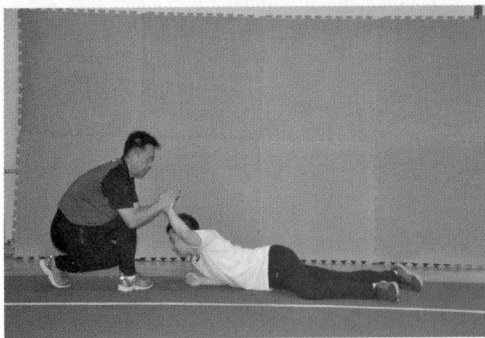

图 3－71

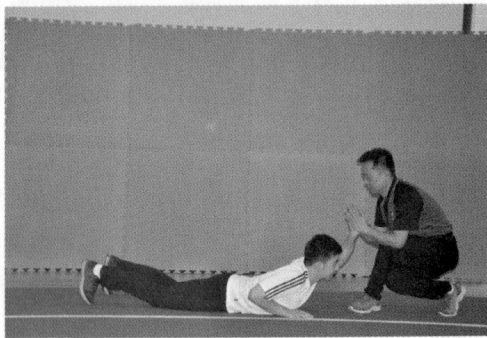

图 3－72

2.顺手牵羊

陪练左手搭在主练右肩上（图 3－73）。

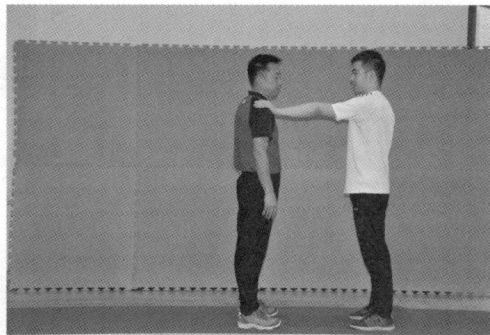

图 3 - 73

主练左手按在陪练左手背上，四指从小鱼际一侧抓住陪练的无名指和小拇指［图 3 - 74（正面）、图 3 - 75（反面）］。

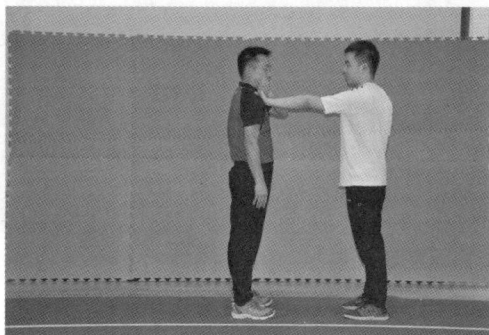

图 3 - 74

图 3 - 75

左手上提陪练左手离开主练的右肩，右手像与陪练左手击掌那样掌心相对，按住陪练左手，当两掌相触时迅速内旋 90°，大拇指放于陪练左掌手背后开始下压陪练左手掌指，主练腾出左手托住陪练左肘［图 3 - 76（正面）、图 3 - 77（反面）］。

图 3 - 76

图 3 - 77

主练左脚向后退一步，双手斜向下拉迫使陪练趴在地上［图 3 - 78（正面）、图 3 - 79（反面）］，主练右膝跪压在陪练腰部，右手按压陪练手掌，左手向后上提拉［图 3 - 80（正面）、图 3 - 81（反面）］，此动作会造成陪练手指关节、肩关节脱臼，腰椎错位。

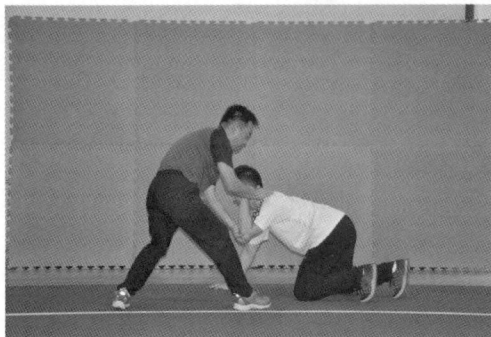

图 3 - 78

图 3 - 79

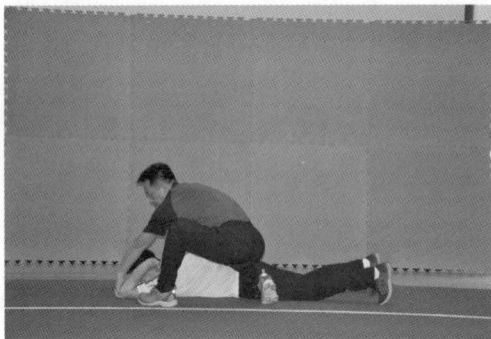

图 3 - 80

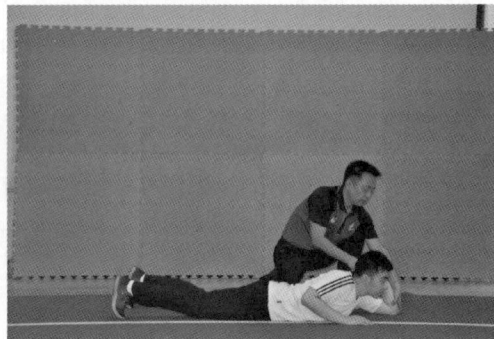

图 3 - 81

(三)体前双手搭肩

1. 卸甲摘盔

陪练正面双手搭在主练的双肩上(图 3 - 82)。

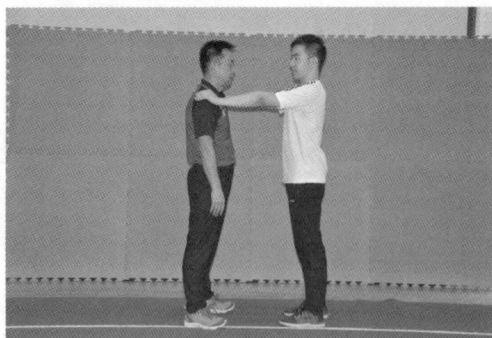

图 3 - 82

主练左手从内向外挂陪练右臂,右手从内向外挂陪练的左臂(图 3 - 83 至图 3 - 86)。

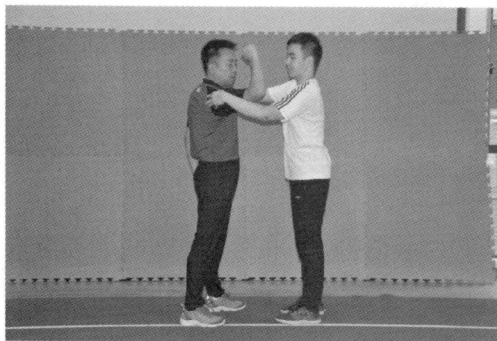

图 3 - 83

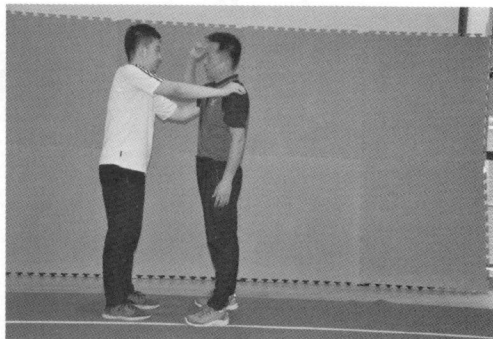

图 3 - 84

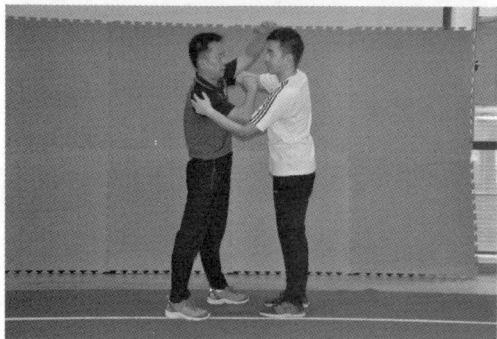

图 3 - 85

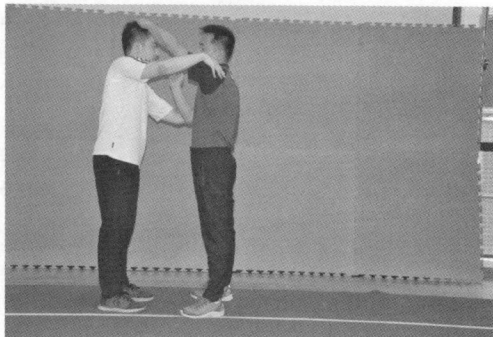

图 3 - 86

主练左手按住陪练后脑勺,右手端住陪练下巴[图 3 - 87(正面)、图 3 - 88(反面)]。

图 3 - 87

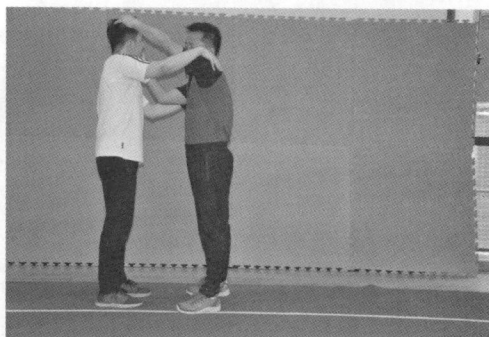

图 3 - 88

主练用右手上推陪练头部使其后仰,上右脚至陪练右后方[图 3 - 89(正面)、图 3 - 90(反面)],成右弓步状垫在陪练腰部,致使陪练前额着地[图 3 - 91(正面)、图 3 - 92(反面)],此动作会造成陪练颈椎折断。

图 3-89

图 3-90

图 3-91

图 3-92

2.金蛇缠枝

陪练正面双手搭在主练的双肩上(图 3-93)。

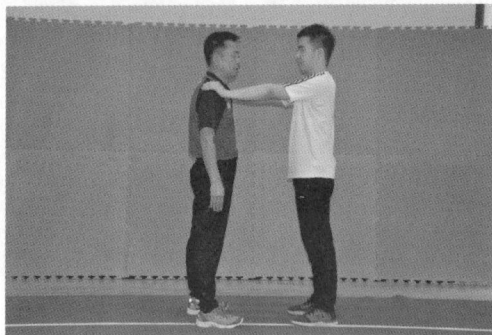

图 3-93

主练左手由内向外拨陪练的右手小臂内侧[图 3-94(正面)、图 3-95(反面)],右手由外向内沿着陪练左臂穿掌至陪练腋下[图 3-96(正面)、图 3-97(反面)]。

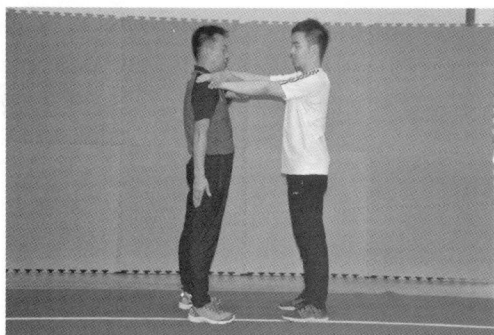

图 3-94

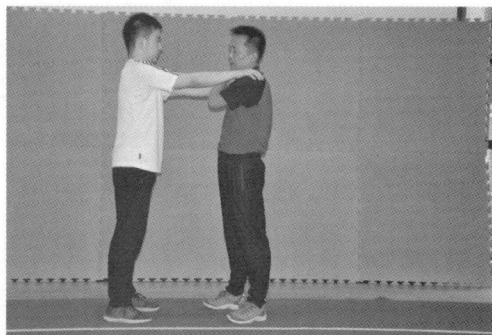

图 3-95

图 3-96

图 3-97

主练左手抓住已经被右手反关节卡住的陪练左手并向内按压其腕关节[图 3-98（正面）、图 3-99（反面）]，右手内扣至陪练肩井穴[图 3-100（正面）、图 3-101（反面）]。

图 3-98

图 3-99

图 3-100

图 3-101

　　主练撤左脚向左转体 180°,用左手向左脚方向扣拉陪练左手腕关节,右手按压陪练左肩,致使陪练脸部贴地滑至主练的左脚处,俯卧在地上,同时主练用右膝跪压住陪练腰部[图 3-102(正面)、图 3-103(反面)],此动作可以造成陪练左臂腕关节、肘关节、肩关节脱臼,以及腰椎错位。

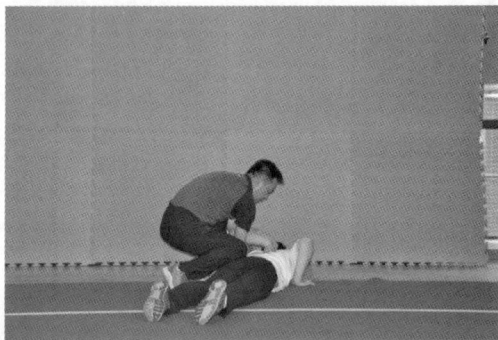

图 3-102　　　　　　　　　　　　　图 3-103

(四)体后异侧手搭肩

1.拧缰上马

陪练用右手从体后搭在主练左肩上(图 3-104)。

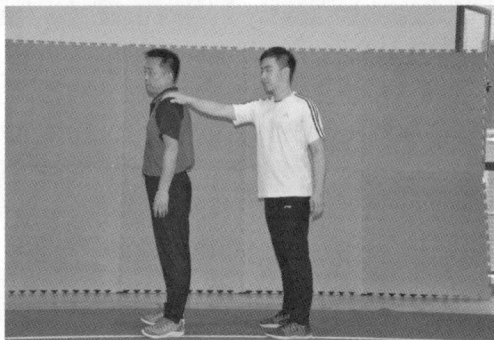

图 3-104

　　主练用右手按触陪练搭在自己左肩上的右手,以便确认陪练是同侧手还是异侧手搭肩[图 3-105(正面)、图 3-106(反面)]。

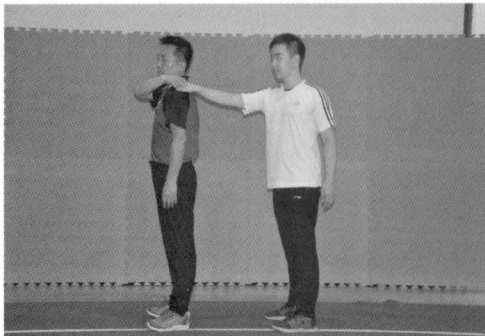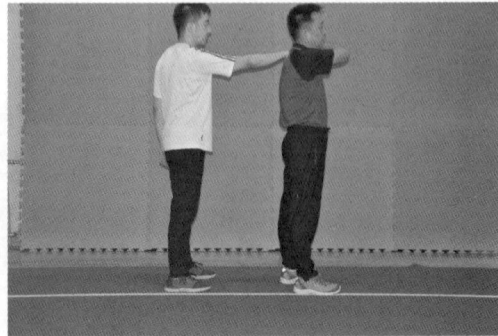

图 3-105　　　　　　　　　　　　　图 3-106

　　主练右手抓住陪练搭在自己肩上右手的四根手指下拉内旋 180°[图 3－107（正面）、图 3－108（反面）]，左臂肘压陪练右臂肘关节[图 3－109（正面）、图 3－110（反面）]。

图 3－107

图 3－108

图 3－109

图 3－110

　　主练提左腿用大腿压在陪练右肩关节处迫使陪练匍匐在地[图 3－111（正面）、图 3－112（反面）]。

图 3－111

图 3－112

　　主练用左臂压至陪练右肘关节背面做支点，上提陪练右腕关节[图 3－113（正面）、图 3－114（反面）]。

图 3 - 113

图 3 - 114

2.回身摘瓜

陪练用右手从体后搭在主练左肩上(图 3 - 115)。

主练用右手按触陪练搭在自己左肩上的右手,以确认陪练是异侧手搭肩(图 3 - 116)。

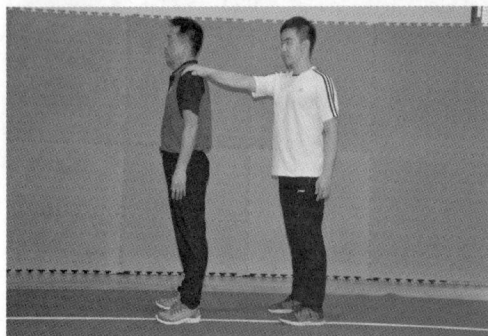

图 3 - 115

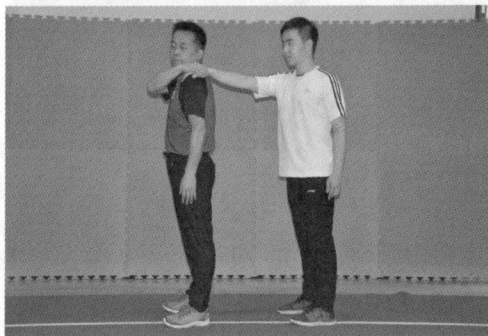

图 3 - 116

主练撤右脚,上体右转,右臂肘关节由上向下压低陪练右臂[图 3 - 117(正面)、图 3 - 118(反面)],然后左手抱住陪练后脑,右手端住陪练下巴[图 3 - 119(正面)、图 3 - 120(反面)]。

图 3 - 117

图 3 - 118

图 3－119

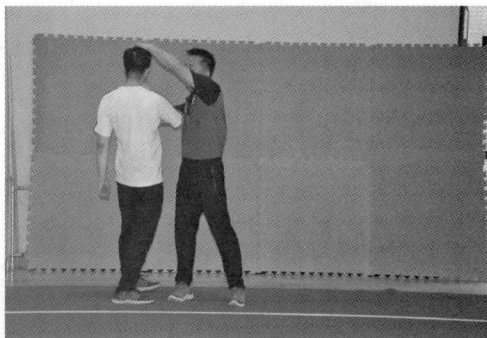

图 3－120

主练向陪练右后方跨步成弓步状,同时右手上推陪练下颌迫使其头部后仰[图 3－121(正面)、图 3－122(反面)],身体后倒在主练右腿弓步上,主练的双手保证陪练的后脑先着地[图 3－123(正面)、图 3－124(反面)]。

图 3－121

图 3－122

图 3－123

图 3－124

(五)体后同侧手搭肩

1.贵妃捧花

陪练在体后用右手搭在主练的右肩上(图 3－125)。

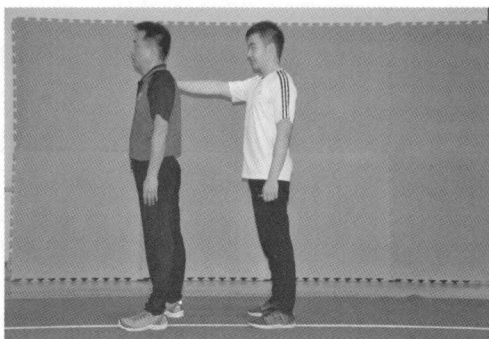

图 3 - 125

主练用左手按触陪练搭在自己右肩上的手,以确认陪练是同侧手搭肩[图 3 - 126(正面)、图 3 - 127(反面)]。

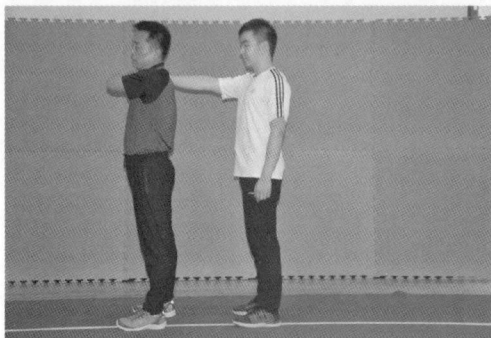

图 3 - 126

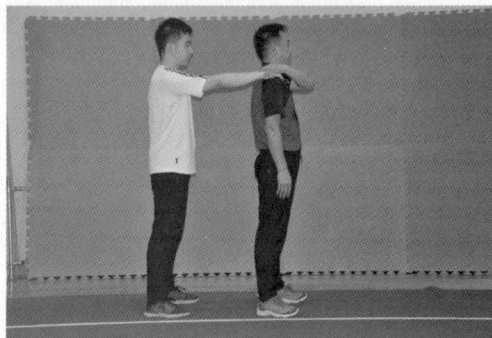

图 3 - 127

主练右脚后撤一步向右转体,右臂屈肘由上向下压轧陪练右手肘关节[图 3 - 128(正面)、图 3 - 129(反面)]。

图 3 - 128

图 3 - 129

主练上左脚至陪练体后,双手抱住陪练的头部[图 3 - 130(正面)、图 3 - 131(反面)]。

图 3-130

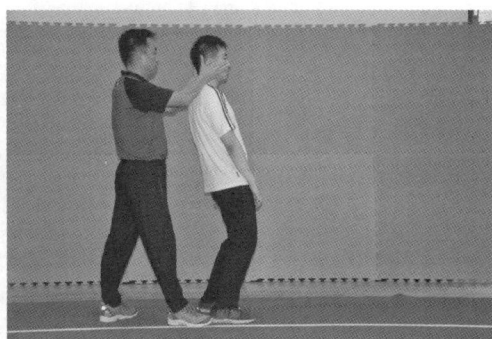

图 3-131

主练用右脚踩陪练右腿膝关节后侧,同时将陪练的头部继续向右拧转[图 3-132(正面)、图 3-133(反面)],直至撞地[图 3-134(正面)、图 3-135(反面)]。

图 3-132

图 3-133

图 3-134

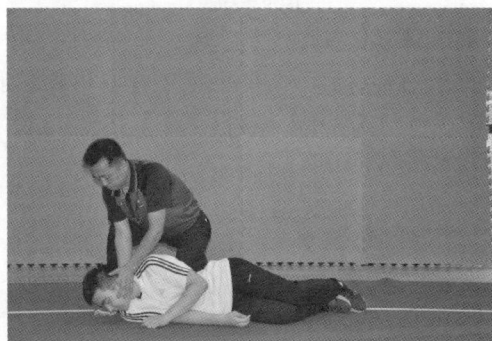

图 3-135

2.斜风卧云

陪练在体后用右手搭在主练的右肩上(图 3-136)。

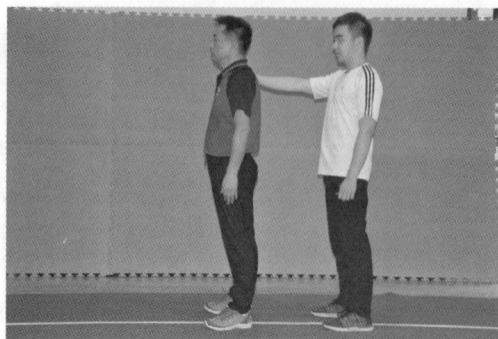

图 3 - 136

　　主练用左手按触陪练搭在自己右肩上的手,以确认陪练是同侧手搭肩[图 3 - 137(正面)、图 3 - 138(反面)]。

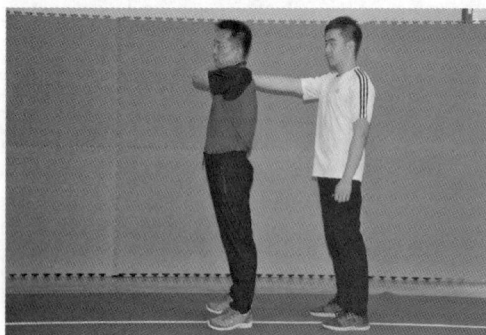

图 3 - 137

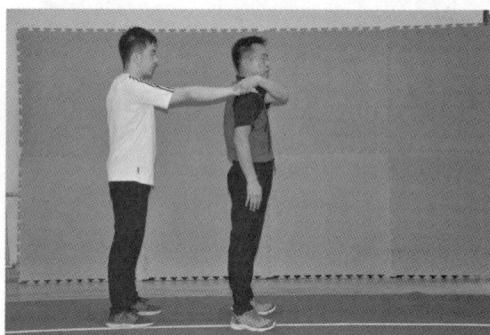

图 3 - 138

　　主练左脚向右脚后方后撤一步,用左手按在陪练右手背上并抓住其右手[图 3 - 139(正面)、图 3 - 140(反面)],低头将陪练右手从右肩移至左侧并随着后撤步向后上方外旋陪练右手至反关节状态[图 3 - 141(正面)、图 3 - 142(反面)]。

图 3 - 139

图 3 - 140

图 3 - 141

图 3 - 142

主练右手从内侧按压陪练右肩做支点,左手拿陪练反关节别在右臂上[图 3 - 143(正面)、图 3 - 144(反面)]。

图 3 - 143

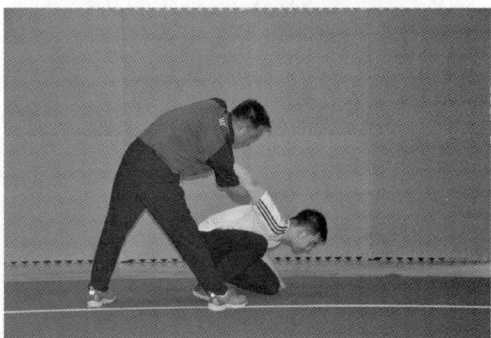

图 3 - 144

主练依据右臂提供的杠杆推左手上陪练右手的反关节,同时主练右手向右侧按拉陪练右肩,直至陪练头部着地,主练用左膝跪压陪练腰部后侧(图 3 - 145 至图 3 - 147),本动作会导致陪练右臂腕关节、肘过节、肩关节脱臼。

图 3 - 145

图 3 - 146

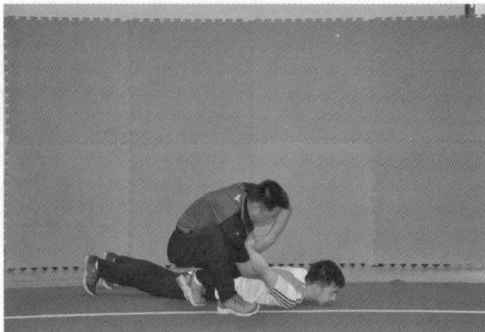

图 3 - 147

(六)体后双手搭肩

在此介绍"罗汉趟泥"的技术动作。

陪练从体后双手搭按在主练的双肩上[图 3-148(正面)、图 3-149(反面)]。

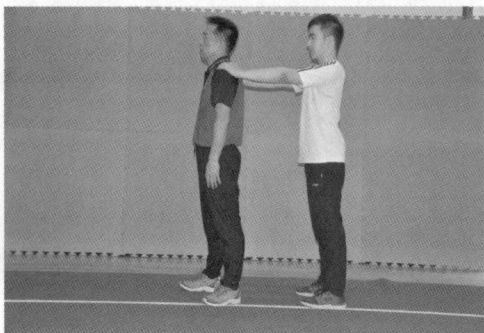

图 3 - 148

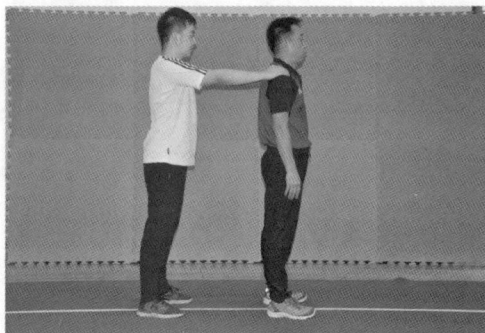

图 3 - 149

主练左手抓住陪练左手[图 3-150(正面)、图 3-151(反面)],沉左肩提右肩,上体左转180°面朝陪练,右手从陪练双臂间切至其颈部[图 3-152(正面)、图 3-153(反面)]。

图 3 - 150

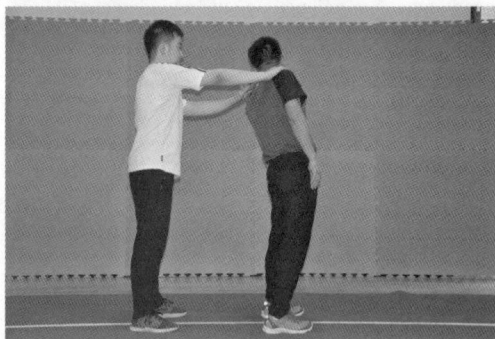

图 3 - 151

图 3 - 152

图 3 - 153

主练用右脚勾踢陪练左腿踝关节处,同时右手向下切压陪练颈部致其倒地[图 3 - 154(正面)、图 3 - 155(反面)]。

图 3 - 154

图 3 - 155

主练左手内旋陪练左臂,右手掌下压陪练左手背,本动作会导致陪练左臂肘关节和左腕关节脱臼(图 3 - 156 至图 3 - 159)。

图 3 - 156

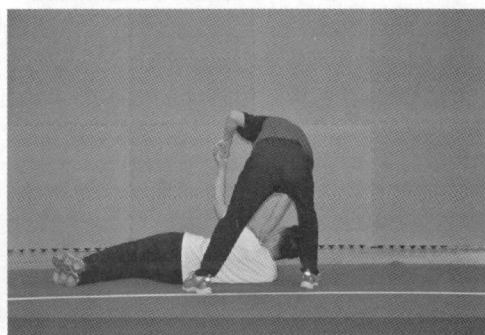

图 3 - 157

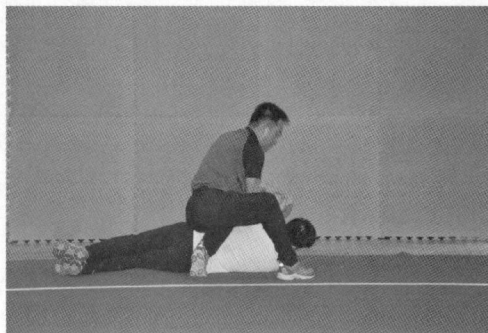

图 3 - 158　　　　　　　　　　　　　图 3 - 159

四、贴身擒拿技术

(一)体侧锁喉技术

1. 摘耳翻瓜

陪练在主练左侧以右臂锁住主练颈部(图 3 - 160)。

图 3 - 160

主练立即用双手抓住陪练的双手并尽力不让陪练向颈部锁压(图 3 - 161)。

图 3 - 161

主练用右手抓住陪练的右耳朵,用左手抓住陪练左耳朵(图 3 - 162)。

图 3 - 162

主练向下拉拽陪练双耳,迫使陪练松开锁喉的手(图 3 - 163)。

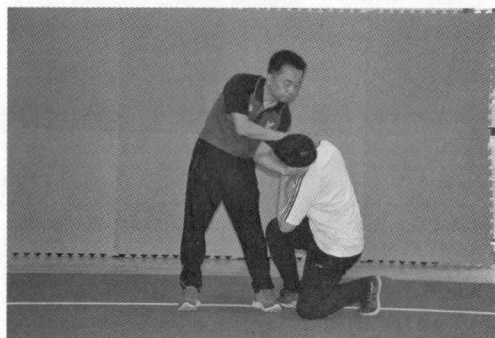

图 3 - 163

主练用右手向下、左手向上反转陪练的头部以致陪练俯卧倒地(图 3 - 164)。

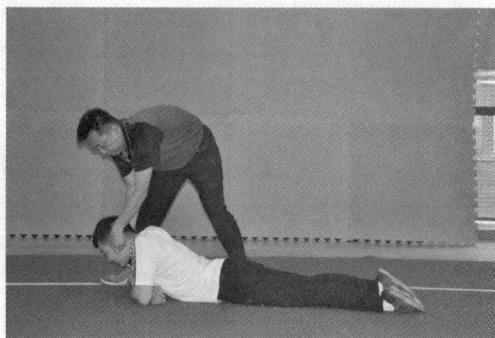

图 3 - 164

主练上左脚骑坐于陪练后腰处,右手锁住陪练颈部,左臂合压陪练颈部后侧(图 3 - 165)。

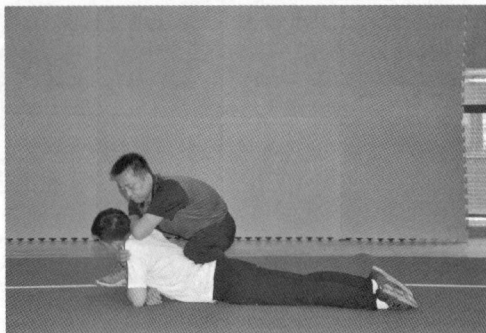

图 3 - 165

2.盘根卧醉

陪练在主练左侧以右臂锁住主练颈部(图 3 - 166)。

图 3 - 166

主练双手从外侧抓住陪练的双腕,同时左脚伸至陪练双腿之后(图 3 - 167、图 3 - 168)。

图 3 - 167

图 3 - 168

主练上体向左抄抱陪练双腿,用肩肘撞压陪练腹部致其后倒(图 3 - 169、图 3 - 170)。

图 3 - 169

图 3 - 170

主练用左臂锁压住陪练的颈部(图 3 - 171)。

图 3 - 171

(二)体后抱腰技术

1. 翘指压肘

陪练从主练体后两手十指交叉搂抱住主练的腰部(图 3 - 172)。

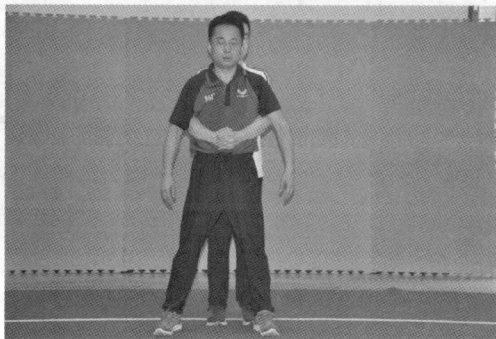

图 3 - 172

主练用右手从下方抓住陪练右手的小拇指(图 3 - 173),向右侧提拉,迫使陪练松手[图 3 - 174(正面)、图 3 - 175(反面)]。

图 3 - 173

图 3 - 174

图 3 - 175

主练向右转体 180°,左手按压住陪练右手手指,右手托住其肘关节[图 3 - 176(正面)、图 3 - 177(反面)]。

图 3 - 176

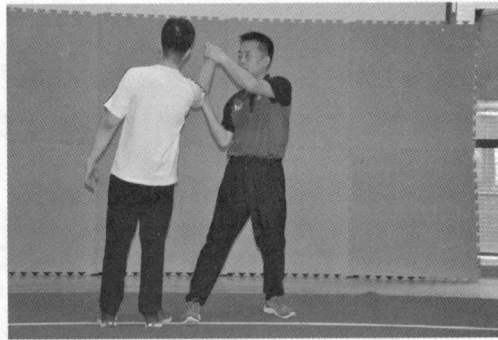

图 3 - 177

下压陪练右手手指和向上托肘同时发力[图 3 - 178(正面)、图 3 - 179(反面)],迫使陪练倒地侧身[图 3 - 180(正面)、图 3 - 181(反面)],主练用右腿膝关节跪压其右肋[图 3 - 182(正面)、图 3 - 183(反面)]。

图 3 - 178

图 3 - 179

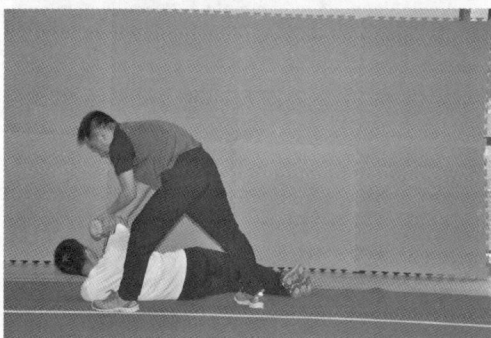

图 3 - 180

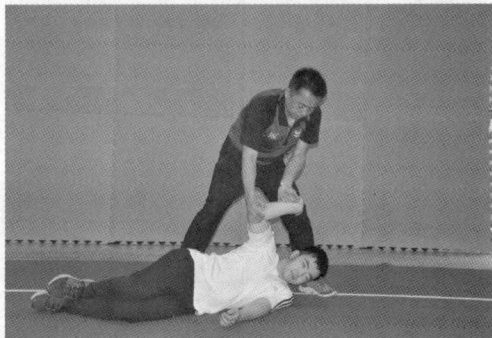

图 3 - 181

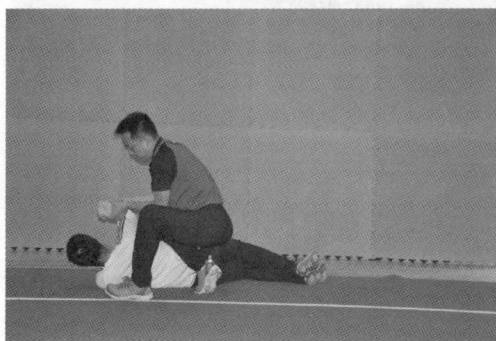

图 3 - 182

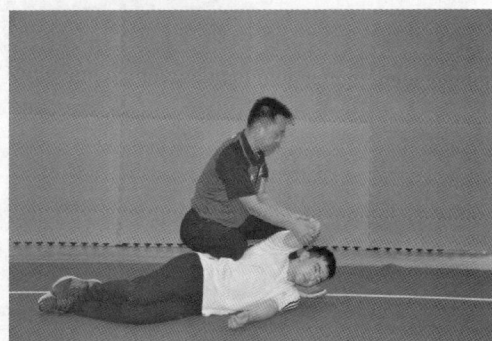

图 3 - 183

2. 平肘压掌

陪练从主练体后右手抓住左手腕搂抱住主练的腰(图 3 - 184)。

图 3 - 184

主练用右手从陪练右手小鱼际处握住其手背,左臂屈肘,上体左转水平横击体后的陪练头颈部(图 3 - 185、图 3 - 186)。

图 3 - 185

图 3 - 186

主练提陪练右手向前,上左脚右转 180°,左手抓陪练右手无名指和小拇指,右手抓陪练食指和中指(图 3 - 187)。

图 3 - 187

主练撤右脚成仆步状,同时前撅下拉陪练右手致其俯卧近前(图 3 - 188)。

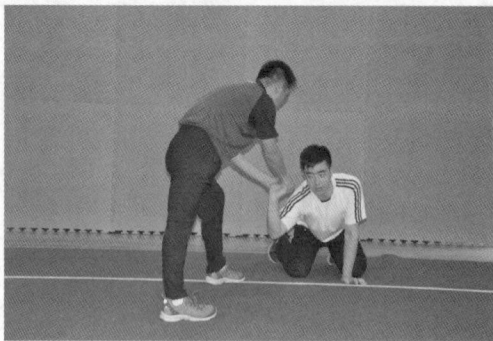

图 3 - 188

主练前推陪练右手至其脑后控制陪练(图 3 - 189)。

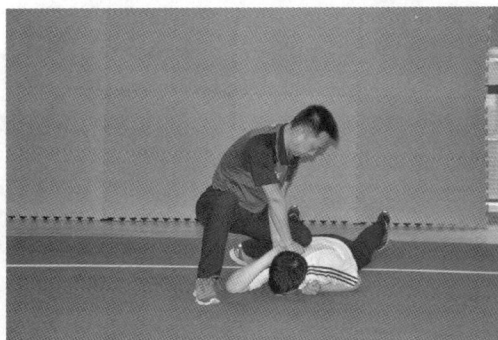

图 3 - 189

(三)体后抱双臂技术

1. 张飞脱袍

陪练从体后双手一起搂抱住主练的躯干(图 3 - 190)。

图 3 - 190

主练肩上提,同时双臂肘关节向外撑,重心下降成马步状(图 3 - 191)。

图 3 - 191

主练双手分别抓住陪练的双手手腕上提,头从陪练双臂中绕出,然后将陪练的双臂放在自己的右肩上(图 3 - 192、图 3 - 193)。

图 3 - 192

图 3 - 193

主练向左膝处斜拉陪练双臂致其倒地,主练用右脚踩踏陪练的面部(图 3 - 194、图 3 - 195)。

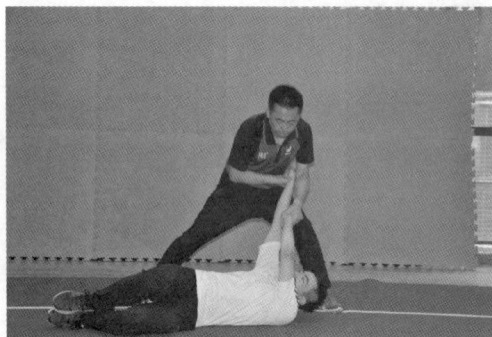

图 3 - 194

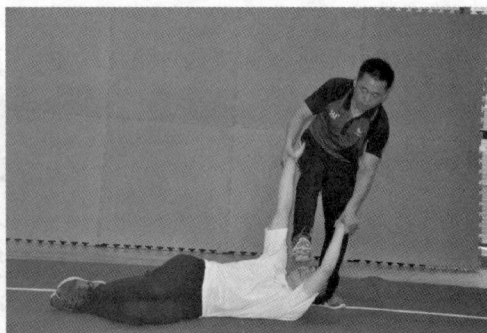

图 3 - 195

主练将右膝关节跪在陪练的腰背部,将陪练的手臂向后反关节折后,会导致陪练腰椎损伤和手臂肘、腕关节脱臼(图 3 - 196)。

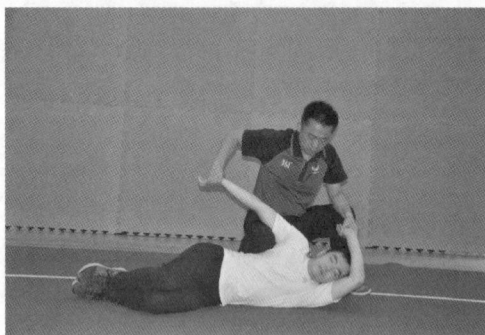

图 3 - 196

2.偷鸡锁扣

陪练从体后双手一起搂抱住主练的躯干(图 3 - 197)。

图 3 - 197

主练左手撩裆，右手抓住陪练左腕(图 3 - 198、图 3 - 199)。

图 3 - 198

图 3 - 199

主练左手钩挂陪练左臂肘关节，右手前推陪练左手手腕，右脚向自己的左前方跨一大步[图 3 - 200(正面)、图 3 - 201(反面)]，致使陪练仰面倒地[图 3 - 202(正面)、图 3 - 203(反面)]。

图 3 - 200

图 3 - 201

图 3-202

图 3-203

主练右手继续内旋陪练左臂,左手协助提拉陪练肘部,最后迫使陪练俯卧贴地,主练左膝跪压至陪练后腰,双手锁扣住陪练左臂[图 3-204(正面)、图 3-205(反面)]。

图 3-204

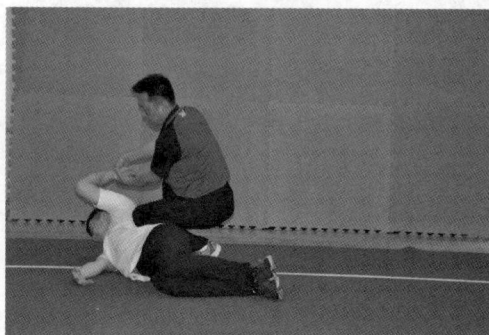

图 3-205

第四章　跆拳道

第一节　跆拳道发展概述

一、跆拳道的概念

跆拳道（Taekwondo）是一项以"道"为重，以礼仪、品势、踢法、技法等为主要内容的武道运动。"跆"（tae）有以脚踢、踹、踩、踏、蹬之意；"拳"（kwon）意指用拳、掌、肘进行进攻与防御；"道"（do）寓意使用手脚的方法和原理。跆拳道另指做人做事的道理，包含道德与文化道义。在跆拳道的比赛或实际应用中，"跆"比"拳"更常用，其腿法占70％，所以跆拳道被世人称为"踢的艺术"。跆拳道内容主要包括品势修炼、搏击格斗和功力检验三大部分。跆拳道运动要求练习者不仅要学习跆拳道的技术，更要注重对跆拳道礼仪、道德修养的学习和遵从，每一次练习都要求"以礼始，以礼终"，培养人的礼仪、忍耐、谦虚和坚韧不拔的精神。

跆拳道已发展成为"世界第一搏击运动"。它是一项既能强身健体，又能防守自卫的传统搏击术。当前跆拳道主要朝两个方向发展：一种是以实战为主，不断发展完善为现代竞技体育运动，成为奥运会上正式的比赛项目，也是世界跆拳道联盟倡导的跆拳道，称之为竞技跆拳道；另一种是国际跆拳道联盟倡导的以跆拳道品势演练为主，以竞技跆拳道为辅的大众跆拳道。

二、跆拳道的起源与发展

跆拳道古称跆跟、花郎道，起源于古代朝鲜的民间武艺。跆拳道是朝鲜人民发挥聪明才智，融合了他们的民间武术，经过不断的演变、完善、创新和发展而来的。

（一）朝鲜半岛三国时代的跆拳道雏形

1.高句丽时代的跆拳道

跆拳道在高句丽时代享有崇高的地位，这可从高句丽国都的古坟、角觝塚、舞俑塚、三室塚的玄室壁画中所发现的跆拳道雏形得到证实。在角觝塚的墙壁上，就绘有两人互相抓着对方的肩膀相扑的场面，在舞俑塚中画有两个强壮的男人互相用跆拳道姿势争斗的画面。高句丽的国都是公元3年定都的，于公元427年迁都至平壤。高句丽人在此修建了许多坟墓，而且在这些坟墓中到处可以见到壁上绘有跆拳道的雏形，由此可证明跆拳道在当时就已经相当盛行了，否则不会如此普遍地将跆拳道的场面绘制到坟墓的壁上去。由此推断，当时的跆拳道，已经成为高句丽国的一种国技。

2.新罗时代的跆拳道

新罗建国比高句丽早约20年（公元前57年），建国初期，新罗的威势远不及高句丽强大，其势力小而弱，且四面均被强国包围。但是，新罗并没有屈服于那些强国，一直努力保存从建国以来700多年的悠久历史命脉，并完成了朝鲜的统一。

由于高句丽和百济的入侵,新罗认识到武艺的价值,促使武艺在这一时期迅速发展。由陈兴王创立的名为"花郎道"的青年武士团,以"事君以忠,事亲以孝,交友以信,临战无退,杀身有择"为宗旨,组织年轻人聚在一起修炼学问,切磋武艺,磨炼意志,培养勇武精神。新罗国正是通过这种形式,从中获取了巨大的原动力,使得国家更加团结,不断繁荣昌盛。这种制度造就了一批英勇无畏的勇士,保卫了新罗,成为新罗繁荣的动力,为统一朝鲜半岛三国奠定了基础。证明新罗广泛流行武艺的史实资料很多,如在《帝王韵记》《三国史记》《古事》《汉书·天文志》等资料中都有有关跆拳道形式的记载。

3. 百济王朝的跆拳道

当新罗、高句丽、百济三国互相对抗时,唐高宗曾遣兵入朝干预,帮助新罗先灭了百济,后又除了高句丽。百济虽然被灭掉了,但是它的统治阶级仍得到日本的援助,其残存的有关武艺的书籍也被保存下来,《三国史记》即是其中之一。据此书记载,百济王朝的阿莘王一直都很崇尚武艺。在三国中,百济兵力最弱,因此采取远交近攻的政策,遥与日本相结交,并把汲取的中国文化传到日本。我国古代著名的《论语》就是在 3 世纪末由百济国派王子阿直岐和博士王仁带到日本去的。同时,佛教亦是由百济传入日本的。正是因为国家较弱,所以百济全国上下都将马术、射箭、跆拳道作为一种游戏。这在《三国史记·百济本纪》中有记载:"集合城市的人在西台举行射箭大会"。由此看来,不仅官吏、军人举行这种技术的训练,就连平民百姓也均有义务训练各种武艺,以使其成为真正的武士。这是一个很突出的例子。

百济是有近七百年历史的国家,但最终被新罗和唐朝联军所灭,所以百济有关跆拳道的记录要少于高句丽和新罗。但是应该指出,在三国相争时期,跆拳道在新罗和高句丽都非常盛行,而高句丽即使到了末期仍十分流行,所以不能简单地认为百济对跆拳道武艺的文字或其他形式记载得少,就断定百济没有盛行过跆拳道。

4. 高丽时代的跆拳道

公元 918 年,在朝鲜半岛建立了统一的国家——高丽。高丽的军队勇敢善战,推翻了新罗王朝,建立了高丽王朝。高丽的忠惠王十分喜爱手搏,便要求他的军队必须进行具有跆拳道特色的手搏竞技运动练习。士兵们常用拳掌击打墙壁木块及砖瓦,来磨炼手部的攻击能力。忠惠王还邀请了武艺超群的士兵金振郁到宫中表演手搏技艺,在朝野上下极力推崇手搏技艺,使跆拳道声望大振,受到广大民众的喜欢,并被规定为军队训练的必修项目。据《高丽史》记载,手搏是高丽人普遍喜好的竞技项目之一。跆拳道,经过高句丽、新罗、百济至高丽一千多年的流传与发展,其雏形已基本形成。

(二)近代跆拳道运动的发展

公元 1910 年,日本侵占朝鲜后建立了殖民政府,一度下令禁止所有的朝鲜文化活动,跆拳道自然也在禁限之内。在这期间,跆拳道技艺在朝鲜境内销声匿迹,只有靠流浪到日本和中国的跆拳道艺人将跆拳道与日本的武道和中国的武术融合在一起而保存下来,这反而使跆拳道技法得到充实和发展,逐渐形成了跆拳道新的技术体系。第二次世界大战后,朝鲜独立,国家的政治、社会面貌日益改观,自卫术也相应再度兴起,以前留落异国他乡的许多朝鲜人也相继回归故里,同时也将各国的武道技艺带回本国,并将一些技艺和跆拳道技法融为一体,去芜存菁,融合发展,逐渐形成了现代跆拳道运动的基础体系。

(三)现代跆拳道运动的发展

朝鲜人民在长期抗争后最终获得了民族独立,跆拳道也得以健康的发展。1961 年 9 月,朝鲜成立了唐手道协会,后更名为跆拳道协会。1966 年,跆拳道成立了第一个国际组织是国际跆拳道联盟(International Taekwon-Do Federation,ITF),崔泓熙任首席联盟主席。1973年 5 月,世界跆拳道联盟(World Taekwondo Federation,WTF)在汉城(现首尔)成立,金云龙当选为主席。1975 年,世界跆拳道联盟被国际体育联盟接纳为正式会员。1980 年,国际奥委会正式承认了世界跆拳道联盟。

第一届世界跆拳道锦标赛和第一届亚洲跆拳道锦标赛分别于 1973 年和 1974 年在韩国汉城(现首尔)举行。跆拳道在 1986 年被列为第 10 届亚运会的正式比赛项目。跆拳道于 1988年、1992 年、1996 年 3 次列入奥运会表演项目,1994 年 9 月经国际奥委会正式通过,被列为2000 年奥运会正式比赛项目,设男、女各 4 个级别。如今,跆拳道运动已经成为完全独立的国际体育运动和正规的比赛项目。在世界锦标赛、亚运会和亚洲锦标赛上共设有男、女各 8 个级别。跆拳道每两年举办一次世界锦标赛和世界杯比赛。

(四)我国跆拳道运动的发展

1.我国竞技跆拳道的发展

跆拳道传入我国较晚,20 世纪 90 年代才开始发展。1992 年 10 月,中国跆拳道协会筹备小组成立,标志着我国跆拳道运动的正式开始。1994 年 9 月,在云南昆明举行了第一届全国跆拳道比赛。1995 年 5 月,在北京体育大学举行了第一届全国跆拳道锦标赛,从此跆拳道在中国迅速发展。1995 年 8 月,正式成立了中国跆拳道协会,魏纪中当选为第一任协会主席。同年 11 月,中国跆拳道协会被世界跆拳道联盟接纳为正式会员。

2.我国大学生跆拳道的发展

1995 年,全国各地的体育专业院校开始发展跆拳道。2000 年,全国各地的普通高校开始开设跆拳道课程,大学生跆拳道社团也相继成立。2005 年世界大学生运动会开始设置跆拳道竞技比赛项目。2006 年 11 月,在天津理工大学成立了全国大学生跆拳道协会,主席单位设在北京中医药大学,同年第一次把跆拳道列为大学生运动会正式比赛项目。2009 年世界大学生运动会增设跆拳道品势项目。如今,在每年 7 月份或 8 月份举办的全国大学生跆拳道锦标赛,设有竞技和品势两大类比赛,跆拳道运动在我国各大高校正在不断发展与壮大。

三、跆拳道运动的特点和健身价值

(一)跆拳道运动的特点

1.突出腿法、注重功力

传统的跆拳道的技法体系中,包括了拳法、腿法、摔法、擒拿法等技术。跆拳道技法中,手、脚、肘、膝、头等部位都可以用来进攻和防守。

现代跆拳道突出了对腿法的应用与研究。由于腿的打击距离远,攻击路线隐蔽性强,威力大,因此跆拳道把腿法修炼和运用摆在了突出位置。按照"禁止摔法、限制拳法、突出腿法"的原则,跆拳道搏击格斗被成功改造为现代体育运动,并成为奥运会正式比赛项目。

跆拳道特别注重功力训练,修炼的目标是使身体攻击部位强劲无比,犹如随身携带着武器。跆拳道理论认为,手、脚、肘、膝、头等是上天赐予人自我保护的最佳武器,比任何其他武器都便于使用。跆拳道常用击破的方法来检验练习者的功力水平,如断砖、碎板、破瓦等。击破经常作为展示跆拳道威力的手段,在重要场合进行表演。

2.礼技并重、动作简捷

跆拳道注重内练礼仪和精神。练习者在日常生活中要主动遵守跆拳道礼仪,培养"以礼开始、以礼结束"的行为习惯,养成坦诚、谦虚、不怕困难、顽强拼搏、克己自律等良好品质。跆拳道注重外练动作技法。跆拳道技法简单、注重实效,很少有花招杂式。远距离使用腿法,近距离则用手、肘、膝等进攻。跆拳道的防守以直接格挡为主,攻击刚劲猛烈。跆拳道发力稳健刚劲,以声助力,劲由脚发起,全身协调配合,重视蓄劲和放松,在接触目标瞬间,要求迅速有力、刚劲爆发。跆拳道技法虽然比较简单,但每个动作都具有攻防作用。

3.段位管理和普及

跆拳道段位制对跆拳道运动的发展和普及起到了促进作用,在教学、管理、运营等方面都至关重要,是跆拳道在世界范围有序开展的重要制度。跆拳道的段位晋升制度分为晋级和晋段,用不同的级和段来表明练习者的修炼层次,具体分为九级九段。不同的级要佩带不同颜色的腰带,入段后系黑色腰带。跆拳道的晋升制度有明确的规定,只有在一定的年龄段、练习足够的时间、经过规定内容考试合格后才可以晋级或晋段。这种制度不但能使练习者长期保持练习兴趣,不断追求更高的目标,而且可保证初学者循序渐进学习和锻炼,有利于跆拳道练习者打好基础。

(二)跆拳道运动的健身价值

1.培养礼仪、磨炼意志

跆拳道始终倡导"以礼开始、以礼结束",并且以"礼义廉耻、忍耐克己、百折不屈"为练习宗旨。因此,跆拳道技术练习成为礼仪和精神修炼的一个载体。通过跆拳道运动的修炼,不仅能够学习运动技能,还能够认识自我,提升个人的综合修养。

跆拳道修炼需要练习者精神和身体直接参与。任何一个想获得更好成绩和晋升级段的练习者,都必须不断付出努力。跆拳道技艺的学习过程也是对人的精神与体力的考验和锻炼过程。因此,参加跆拳道锻炼可以培养人的顽强、果断和吃苦耐劳的精神,锻炼人坚韧不拔的意志品质。通过跆拳道练习和不断进步,练习者可获得成就感,提升自信心。

2.强身健体、防身自卫

经常进行跆拳道技术练习,可以提升人体的速度、力量、耐力、柔韧性、灵敏度等;提高人体内脏器官和各个系统的机能;提高人体对外界环境变化的适应能力和对突发事件的快速反应能力。通过跆拳道的攻防对打和实战练习,可以逐渐掌握攻击和防守的方法,了解技术的攻防作用,增强人体关节攻击能力和全身抗击打能力,形成攻防技能,进而获得较强的防身自卫和实战进攻能力。

3.智勇并练、陶冶情操

跆拳道能够使练习者的智慧和勇气同时得到修炼。深入学习跆拳道需要许多相关的知识,因此,学好练精跆拳道的技艺,不仅需要刻苦练习,还必须刻苦钻研跆拳道的原理和技法,时刻开动脑筋,这样才能有更快的进步。特别是实战演练和竞技比赛,为了克制对手获得优胜,必须善于和对手斗智斗勇,这也有利于练习者的智力发展。长期正确地进行跆拳道练习,可以不断提高练习者的自信心和勇气,勇敢地面对各种困难。

跆拳道技法具有高度的艺术性。在练习跆拳道时,练习者身穿跆拳道道服,系着不同颜色的道带,展现出不同的攻防姿势、不同的演练节奏,刚劲有力的动作时常结合吐气发声,体现出整洁美和威武的阳刚之美。在击破表演中,赤手光脚击碎坚硬的木板或砖瓦,表现出跆拳道技法惊人的杀伤力,体现出人体的无穷潜力和跆拳道技击功力美。比赛场上双方斗智斗勇、拳脚翻飞,形成惊险实战竞技美。跆拳道具有较强的观赏性和感染力,观赏跆拳道比赛和表演不仅能够得到美的享受,还能激发人的斗志,形成奋发向上、努力进取的思想品质。

第二节　跆拳道技术内容

一、跆拳道运动基本礼仪规范

(一)跆拳道礼仪

跆拳道在学习、训练、活动过程中始终遵循"以礼始,以礼终"的尚武原则,"礼"放在首位。礼仪包括礼貌、礼节、仪表和仪态、道德、尊重,是跆拳道入门时的必考课。礼仪教育是跆拳道运动必不可少的组成部分,贯穿跆拳道教学的始终。每次练习跆拳道前,须先向国旗敬礼,然后向教练敬礼,练习结束时要向国旗、教练敬礼,体现出练习者律己敬人的文明修养素质。

(二)跆拳道精神

跆拳道以"礼义廉耻、忍耐克己、百折不屈"为宗旨,被誉为"正人之道"。跆拳道精神可以定义为两种:一种是通过修炼跆拳道而获得的身心进步升华的状态;另一种是对跆拳道修炼的姿态或欲望,通过跆拳道修炼获得的精神价值。跆拳道精神的教育价值在于它能使修炼者通过反复的身心锻炼最终养成修身养性的习惯。身心习惯的锻炼不仅能培养意志力、创造力、克己能力,还可以提高身体的敏捷性和健康性,从而培养自信心和自我控制力,最终形成积极进取的人格。

(三)跆拳道礼仪规范动作

1.立正

两脚并拢直体站立,手掌并拢贴于大腿两侧,两眼平视前方,神态自然(图 4-1)。

2.跨立

左脚向左开一步与肩同宽,两脚平行相对,重心在两腿中间,右手握左手腕部放于身后腰部;挺胸收腹,两眼平视前方,神态自然(图 4-2)。

　　　　　　　　　　　(a)　　　　　　(b)

　　图 4-1　　　　　　图 4-2

3. 行礼

行礼可分为注目礼、鞠躬礼和握手礼。

注目礼：对国旗敬礼时需行注目礼，要求身体立正姿势，右手大拇指扣回，掌置于左胸前，思想集中，目视国旗约 3 秒后把右手放回，神情肃穆庄严（图 4 - 3）。

鞠躬礼：两脚并步直立，两臂置于身体两侧，上体前倾不小于 30°，头部前倾不小于 45°，稍停后，还原成直立站姿（图 4 - 4）。

握手礼：两人面对面成立正姿势，握手时，左手掌放在右手的肘关节下面，右手伸直，并说"请指教"或"辛苦了"（图 4 - 5）。

图 4 - 3　　　　　　　　图 4 - 4　　　　　　　　　　　图 4 - 5

4. 坐势

坐势分为盘坐与跪坐。

盘坐：双脚交叉，右脚在前，盘腿坐于地上，双手握拳放于双膝上，收腹挺胸，眼睛平视前方，神态自然（图 4 - 6）。

跪坐：跪坐有男生、女生之分。

女生跪坐：膝关节并拢跪于地上，双脚脚背绷直贴地，双手握拳放于大腿上，收腹挺胸，眼睛平视前方，神态自然（图 4 - 7）。

男生跪坐：膝关节分开跪坐于地上，双脚脚背绷直贴地，前脚掌重叠，双手握拳放于大腿上，收腹挺胸，眼睛平视前方，神态自然（图 4 - 8）。

图 4 - 6　　　　　　　　图 4 - 7　　　　　　　　　　图 4 - 8

5. 交换脚靶

两人相对一米左右的距离并步站立，双脚不动略弯腰，一方双手持靶往前送，另一方双手接靶(图4-9)。

图4-9

二、跆拳道实战姿势基本使用部位

(一)拳

四指并卷握成拳，大拇指弯曲压于食指与中指的第二关节，拳面要平。拳分为拳面(图4-10)、拳背(图4-11)、拳轮(图4-12)、拳眼(图4-13)。拳在使用中可变化各种拳法，如直拳、横拳、勾拳等。直拳分为前手直拳(图4-14)和后手直拳(图4-15)。

图4-10　　　　　　　图4-11　　　　　　　图4-12　　　　　　　图4-13

图4-14　　　　　　　图4-15

(二)掌

四指并拢伸直，中指稍弯与无名指平齐，大拇指弯曲，贴于食指根处，掌面平整(图4-16)。

(a)　　　　　　　　　　　　(b)

图 4 – 16

(三)手刀

手刀的使用部位是小指侧的掌外沿(图 4 – 17)。

(a)　　　　　　　(b)　　　　　　　(c)

图 4 – 17

(四)肘

屈臂回收折叠,使用的部位为肘关节(图 4 – 18)。

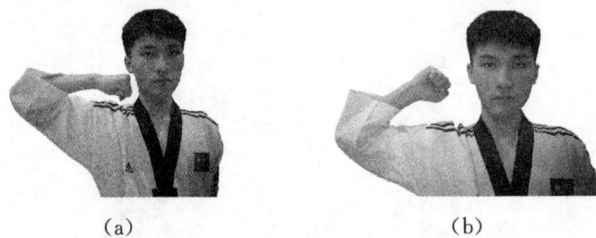

(a)　　　　　　　　　　　　(b)

图 4 – 18

(五)膝

大、小腿上提,屈膝折叠,脚掌内扣,使用的部位为膝关节(图 4 – 19)。

(a)   (b)

图 4-19

(六)足

踝关节以下部位包括前脚掌(图4-20)、脚面(图4-21)、脚刀(图4-22)、脚跟(图4-23)。

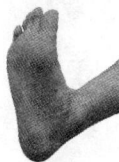　　　　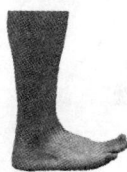　　　　

图 4-20　　　　图 4-21　　　　图 4-22　　　　图 4-23

三、跆拳道品势

跆拳道品势是将跆拳道攻防技术按照一定原理进行排列组合,形成多个固定技术动作的串联。每章品势都有固定形式的起势和收势,有各自的动作运行路线和文化内涵。跆拳道包括太极一至八章和其他品势。其他品势包括高丽、金刚、太白、平原、十进、地跆、天拳、汉水、一如。跆拳道品势还包括自编的品势,用于表演和比赛。本教程重点介绍太极一至三章。

(一)太极一章

太极一章对应八卦中的"乾"卦,寓意开始和起步,是第一套跆拳道品势。太极一章共有18个动作,主要包括前行步,下段格挡、中段格挡、上段格挡,直拳、前踢等动作(图4-24)。

准备势:在A位置并步站立(图4-25),左脚向左侧移动一脚距离成开立步,双手刀经腹前至胸口后下行握拳回至腹前成准备势(图4-26),整个动作要求匀速,并伴随呼吸的调整。

1.左前行步左下格挡

身体左转90°,面向B方向做左前行步,同时左臂下格挡,右拳收于腰侧(图4-27)。

2.右前行步右直拳

右脚向前做右前行步,同时右拳中段直拳,左拳收于腰侧(图4-28)。

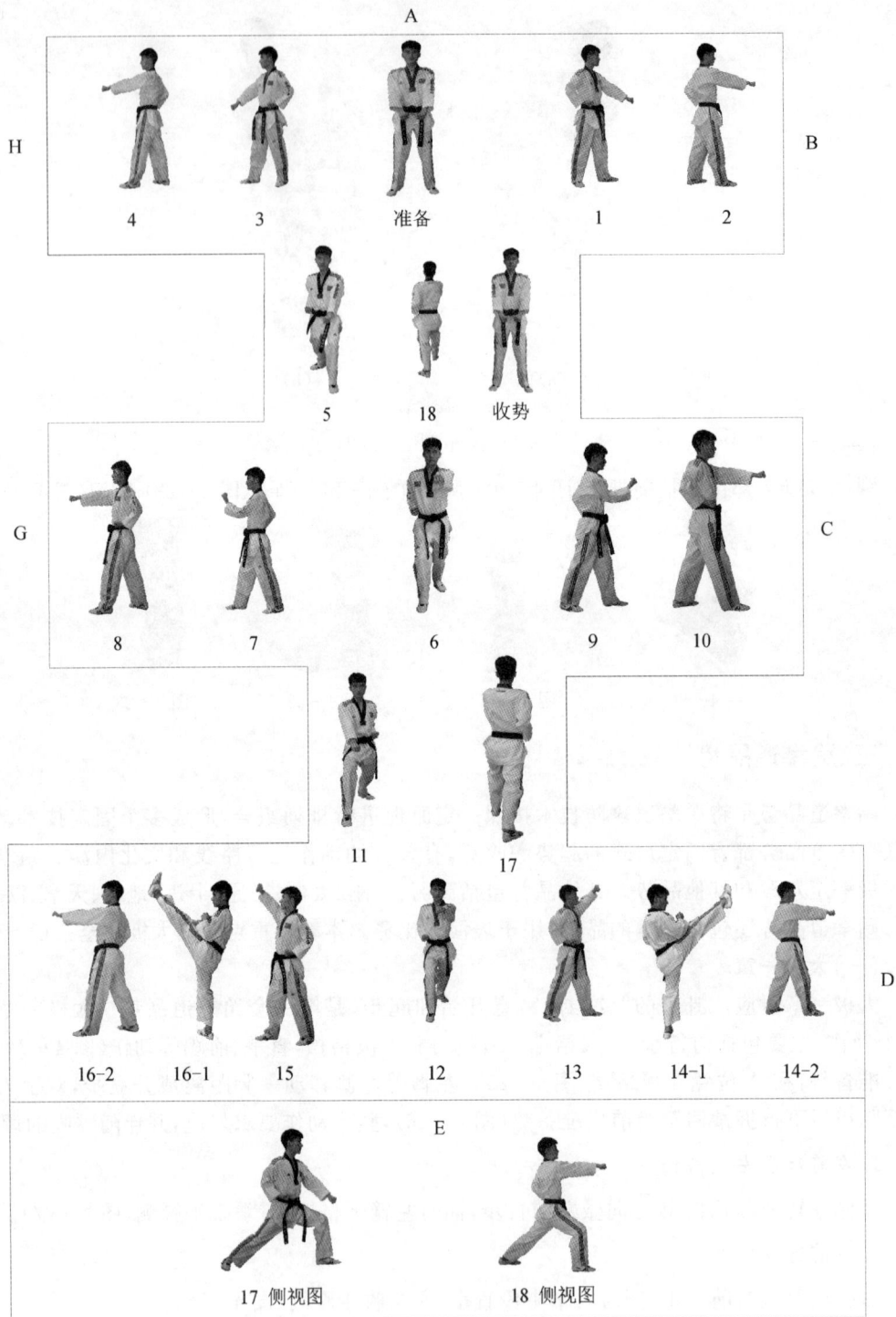

A

H

4　　　3　　　准备　　　1　　　2

5　　　18　　　收势

G

8　　7　　6　　9　　10

C

11　　　17

F

16-2　16-1　15　　12　　13　14-1　14-2

D

E

17 侧视图　　　18 侧视图

图 4 - 24

图 4 - 25　　　　　图 4 - 26　　　　　图 4 - 27　　　　　图 4 - 28

3.右前行步右下格挡

以左脚掌为轴内旋 180°,右脚直线向后成右前行步,面向 H 方向,同时右臂下格挡,左拳收于腰侧(图 4 - 29)。

4.左前行步左直拳

左脚向前做左前行步,同时左拳中段直拳,右拳收于腰侧(图 4 - 30)。

5.左弓步左下格挡

身体左转 90°,面向 E 方向成左弓步,同时左臂下格挡,右拳收于腰侧(图 4 - 31)。

6.右中段直拳

保持左弓步不变,右拳中段直拳,左拳收于腰侧(图 4 - 32)。

图 4 - 29　　　　　图 4 - 30　　　　　图 4 - 31　　　　　图 4 - 32

7.右前行步左内格挡

右脚向右前侧迈出,面向 G 方向成右前行步,同时左臂中内格挡,右拳收于腰侧(图 4 - 33)。

8.左前行步右直拳

左脚向前做左前行步,同时右拳中段直拳,左拳收于腰侧(图 4 - 34)。

9.左前行步右内格挡

以右脚前脚掌为轴内旋 180°,左脚直线向后,面向 C 方向成左前行步,同时右臂中内格挡,左拳收于腰侧(图 4 - 35)。

10. 右前行步左直拳

右脚向前做右前行步,同时左拳中段直拳,右拳收于腰侧(图4-36)。

图4-33　　　　　图4-34　　　　　图4-35　　　　　图4-36

11. 右弓步右下格挡

身体右转90°,面向E方向成右弓步,同时右臂下格挡,左拳收于腰侧(图4-37)。

12. 左直拳

保持右弓步不变,左拳中段直拳,右拳收于腰侧(图4-38)。

13. 左前行步左上格挡

身体左转90°,面向D方向成左前行步,同时左臂上格挡,右拳收于腰侧(图4-39)。

图4-37　　　　　图4-38　　　　　图4-39

14. 右前踢+右直拳

右腿前踢,右拳、左拳前后放置胸前(图4-40)。前踢腿向前落脚成右前行步,同时右拳中段直拳,左拳收于腰侧(图4-41)。

15. 右前行步右上格挡

身体向右后方转动180°,面向F方向成右前行步,同时右臂上格挡,左拳收于腰侧(图4-42)。

16. **左前踢＋左直拳**

左腿前踢，左拳、右拳前后放置胸前（图 4 - 43）。前踢腿向前落脚成左前行步，同时左拳中段直拳，右拳收于腰侧（图 4 - 44）。

　　图 4 - 40　　　　　　图 4 - 41　　　　　　图 4 - 42　　　　　　图 4 - 43　　　　　　图 4 - 44

17. **左弓步左下格挡**

身体向右后方转动 90°，面向 A 方向成左弓步，同时左臂下格挡，右拳收于腰侧（图 4 - 45）。

18. **右弓步右直拳(发声)**

右脚向前迈出成右弓步，同时右拳中段直拳，配合发声，左拳收于腰侧（图 4 - 46）。

结束势：身体向左后方转动，回到 A 位置，还原成准备势（图 4 - 47）。

　　(a)正视图　　　　(b)侧视图　　　　　　(a)正视图　　　　(b)侧视图

　　　　图 4 - 45　　　　　　　　　　　图 4 - 46　　　　　　　　　图 4 - 47

(二)太极二章

太极二章寓意八卦中的"兑"卦，意为外柔内刚。太极二章共有 18 个动作，新的动作中有上段拳和前踢等技法（图 4 - 48）。

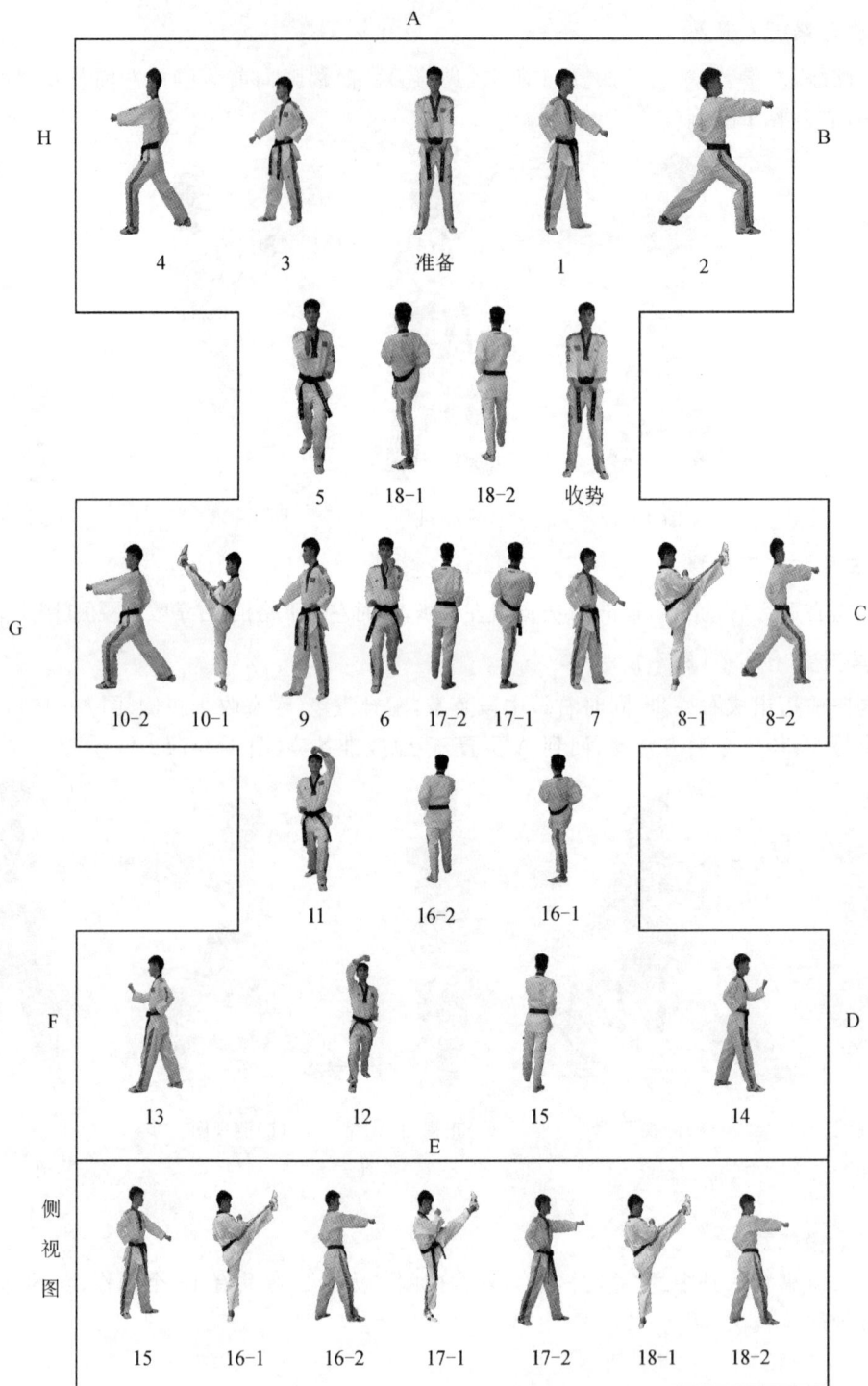

A

H　　　　　　　　　　　　　　　　　　　　　　　　　　B

4　　　　3　　　　准备　　　1　　　　2

5　　　18-1　　18-2　　收势

G　　　　　　　　　　　　　　　　　　　　　　　　　　C

10-2　10-1　　9　　　6　　17-2　17-1　　7　　8-1　　8-2

11　　　16-2　　16-1

F　　　　　　　　　　　　　　　　　　　　　　　　　　D

13　　　　　　12　　　　　　15　　　　　　14

E

侧视图

15　　16-1　　16-2　　17-1　　17-2　　18-1　　18-2

图 4 - 48

　　准备势:在 A 位置并步站立,左脚向左侧移动一脚距离成开立步,同时双手刀经腹前至胸口后下行握拳回至腹前成准备势(图 4 - 49)。

1. 左前行步下格挡

身体左转 90°，面向 B 方向成左前行步，同时左臂下格挡，右拳收于腰侧（图 4-50）。

2. 右弓步右直拳

右脚向前成右弓步，同时右拳中段直拳，左拳收于腰侧（图 4-51）。

图 4-49 图 4-50 图 4-51

3. 右前行步下格挡

以左脚前脚掌为轴内旋 180°，右脚直线向后，面向 H 方向成右前行步，同时右臂下格挡，左拳收于腰侧（图 4-52）。

4. 左弓步左直拳

左脚向前成左弓步，同时左拳中段直拳，右拳收于腰侧（图 4-53）。

5. 左前行步内格挡

身体向左转 90°，面向 E 方向成左前行步，同时右臂中内格挡，左拳收于腰侧（图 4-54）。

6. 右前行步内格挡

右脚向前方做右前行步，同时左臂中内格挡，右拳收于腰侧（图 4-55）。

图 4-52 图 4-53 图 4-54 图 4-55

7. 左前行步下格挡

身体向左转，面向 C 方向成左前行步，同时左臂下格挡，右拳收于腰侧（图 4-56）。

8. 右前踢＋右上段直拳

右腿前踢，右拳、左拳前后放置胸前（图 4-57）。前踢腿向前落脚成右弓步，同时右拳上段直拳，拳至面部人中高度，左拳收于腰侧（图 4-58）。

9.右前行步下格挡

身体向后转180°,面向G方向成右前行步,同时右臂下格挡,左拳收于腰侧(图4-59)。

图4-56　　　　　　　　图4-57　　　　　　　　图4-58　　　　　　　　图4-59

10.左前踢＋左上段直拳

左腿前踢,左拳、右拳前后放置胸前(图4-60)。前踢腿向前落脚成左弓步,同时左拳上段直拳,拳至面部人中高度,右拳收于腰侧(图4-61)。

11.左前行步上格挡

身体左转90°,面向E方向成左前行步,同时左臂上格挡,右拳收于腰侧(图4-62)。

12.右前行步上格挡

右脚向前做右前行步,同时右臂上格挡,左拳收于腰侧(图4-63)。

图4-60　　　　　　　　图4-61　　　　　　　　图4-62　　　　　　　图4-63

13.左前行步内格挡

以右脚掌为轴向左后方旋转270°,面向F方向成左前行步,同时右臂中内格挡,左拳收于腰侧(图4-64)。

14.右前行步内格挡

以左脚掌为轴向右后方旋转,面向D方向成右前行步,同时左臂中内格挡,右拳收于腰侧(图4-65)。

15.左前行步下格挡

身体左转90°,面向A方向成左前行步,同时左臂下格挡,右拳收于腰侧(图4-66)。

　　　　　　　　　　　　　　　　　　　　　　　　　（a）正视图　　　　（b）侧视图

　　图 4 - 64　　　　　　图 4 - 65　　　　　　　　　图 4 - 66

16. 右前踢＋右直拳

　　右腿前踢，右拳、左拳前后放置胸前（图 4 - 67）。前踢腿向前落脚成右前行步，同时右拳中段直拳，左拳收于腰侧（图 4 - 68）。

　　（a）正视图　　　　（b）侧视图　　　　　（a）正视图　　　　（b）侧视图

　　　　图 4 - 67　　　　　　　　　　　　　　图 4 - 68

17. 左前踢＋左直拳

　　左腿前踢，左拳、右拳前后放置胸前（图 4 - 69）。前踢腿向前落脚成左前行步，同时左拳中段直拳，右拳收于腰侧（图 4 - 70）。

　　（a）正视图　　　　（b）侧视图　　　　　（a）正视图　　　　（b）侧视图

　　　　图 4 - 69　　　　　　　　　　　　　　图 4 - 70

18. 右前踢＋右直拳（发声）

右腿前踢,右拳、左拳前后放置胸前(图 4 - 71)。前踢腿向前落脚成右前行步,同时右拳做中段直拳,左拳收于腰侧(图 4 - 72),配合发声。

结束势:身体向左后方转动,回到 A 位置,还原成准备势。

(a)正视图　　　　(b)侧视图

图 4 - 71

(a)正视图　　　　(b)侧视图

图 4 - 72

(三)太极三章

太极三章对应八卦中的"离"卦,意味着火,具有热情、明亮、活跃性的特征。太极三章共有20 个动作,其中运用了左右连续中段直拳、手刀颈部攻击、中段外格挡、下段格挡、后中段直拳攻击等技术,还包含了招式由防到攻的快速变化(图 4 - 73)。

准备势:在 A 位置并步站立,左脚向左侧移动一脚距离成开立步,同时双手刀经腹前至胸口后下行握拳回至腹前成准备势(图 4 - 74)。

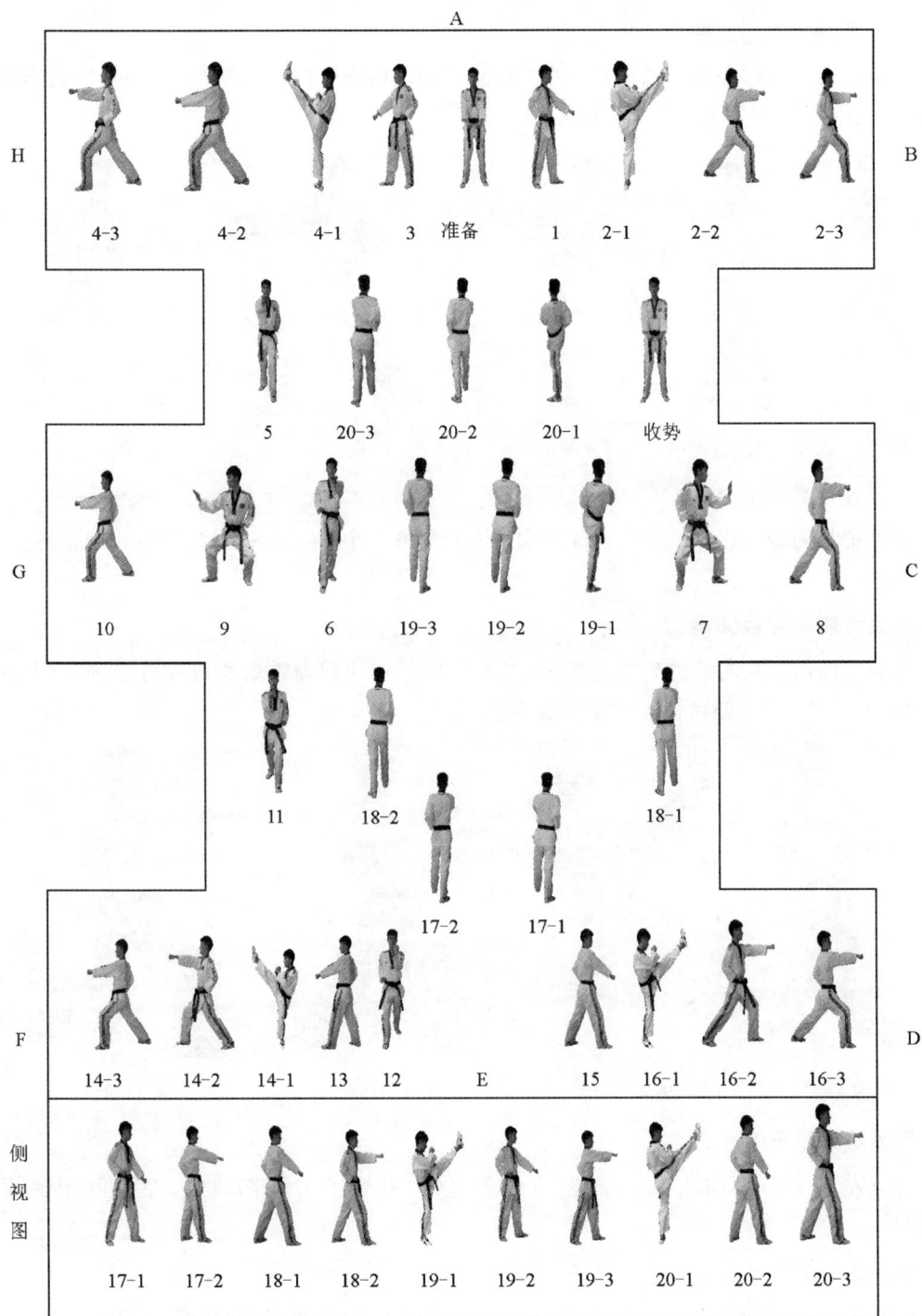

A

H   B

4-3   4-2   4-1   3 准备   1   2-1   2-2   2-3

5   20-3   20-2   20-1   收势

G   C

10   9   6   19-3   19-2   19-1   7   8

11   18-2   18-1

17-2   17-1

F   D

14-3   14-2   14-1   13   12   E   15   16-1   16-2   16-3

侧视图

17-1   17-2   18-1   18-2   19-1   19-2   19-3   20-1   20-2   20-3

图 4 - 73

1. 左前行步下格挡

身体左转 90°,面向 B 方向成左前行步,同时左臂下格挡,右拳收于腰侧(图 4 - 75)。

2.右前踢+右左直拳

右腿前踢,右拳、左拳前后放置胸前(图4-76)。前踢腿向前落脚成右弓步,同时右拳(图4-77)、左拳(图4-78)做连续的中段直拳。

图4-74　　　图4-75　　　图4-76　　　图4-77　　　图4-78

3.右前行步下格挡

以左脚掌为轴内旋180°,面向H方向成右前行步,同时右臂下格挡,左拳收于腰侧(图4-79)。

4.左前踢+左右直拳

左腿前踢,左拳、右拳前后放置胸前(图4-80)。前踢腿向前落脚成左弓步,同时左拳(图4-81)、右拳(图4-82)做连续的中段直拳。

图4-79　　　图4-80　　　图4-81　　　图4-82

5.左前行步手刀内击

身体左转90°,面向E方向成左前行步,同时右臂手刀颈部攻击,左拳收于腰侧(图4-83)。

6.右前行步手刀内击

右脚向前迈出成右前行步,同时左臂手刀颈部攻击,右拳收于腰侧(图4-84)。

7.左三七步手刀外格挡

身体左转,面向C方向成左三七步,同时左臂单手刀中外格挡,右拳收于腰侧(图4-85)。

8.左弓步直拳

左脚向左侧迈出成左弓步,同时右拳中段直拳,左拳收于腰侧(图4-86)。

　　图 4 - 83　　　图 4 - 84　　　　图 4 - 85　　　　　　　图 4 - 86

9. 右三七步手刀外格挡

以左脚为轴内旋身体后转,面向 G 方向成右三七步,同时右臂单手刀中外格挡,左拳收于腰间(图 4 - 87)。

10. 右弓步直拳

右脚向右侧迈出成右弓步,同时左拳中段直拳,右拳收于腰侧(图 4 - 88)。

11. 左前行步内格挡

身体左转 90°,面向 E 方向成左前行步,同时右臂中内格挡,左拳收于腰侧(图 4 - 89)。

12. 右前行步内格挡

右脚向前方迈出成右前行步,同时左臂中内格挡,右拳收于腰侧(图 4 - 90)。

　　图 4 - 87　　　　　图 4 - 88　　　　　图 4 - 89　　图 4 - 90

13. 左前行步下格挡

以右脚为轴身体向左后方旋转 270°,面向 F 方向成左前行步,同时左臂左下格挡,右拳收于腰侧(图 4 - 91)。

14. 右前踢＋右左直拳

右腿前踢,右拳、左拳前后放置胸前(图 4 - 92)。前踢腿向前落脚成右弓步,同时右拳(图 4 - 93)、左拳(图 4 - 94)做连续的中段直拳。

图 4 - 91　　　　　图 4 - 92　　　　　图 4 - 93　　　　　图 4 - 94

15. 右前行步下格挡

以左脚为轴身体向右后方转动,面向 D 方向成右前行步,同时右臂下格挡,左拳收于腰侧(图 4 - 95)。

16. 左前踢＋左右直拳

左腿前踢,左拳、右拳前后放置胸前(图 4 - 96)。前踢腿向前落脚成左弓步,同时左拳(图 4 - 97)、右拳(图 4 - 98)做连续的中段直拳。

图 4 - 95　　　　　图 4 - 96　　　　　图 4 - 97　　　　　图 4 - 98

17. 左前行步下格挡＋直拳

身体向左侧旋转,面向 A 方向成左前行步,同时左臂下格挡,右拳收于腰侧(图 4 - 99)。右拳中段直拳,左拳收于腰侧(图 4 - 100)。

　　(a)正视图　　　(b)侧视图　　　(a)正视图　　　(b)侧视图

　　　　图 4 - 99　　　　　　　　　图 4 - 100

18.右前行步下格挡＋直拳

右脚向前成右前行步,同时右臂下格挡,左拳收于腰侧(图 4-101)。左拳中段直拳,右拳收于腰侧(图 4-102)。

　(a)正视图　　　　(b)侧视图　　　　(a)正视图　　　　(b)侧视图

　　　图 4-101　　　　　　　　　　　图 4-102

19.左前踢＋下格挡＋直拳

左腿前踢,左拳、右拳前后放置胸前(图 4-103)。前踢腿向前落脚成左前行步,同时左臂下格挡,右拳收于腰侧(图 4-104)。右拳做中段直拳,左拳收于腰侧(图 4-105)。

(a)正视图　　(b)侧视图　　(a)正视图　　(b)侧视图　　(a)正视图　　(b)侧视图

　　图 4-103　　　　　　　图 4-104　　　　　　　图 4-105

20.右前踢＋下格挡＋直拳(发声)

右腿前踢,右拳、左拳前后放置胸前(图 4-106)。前踢腿向前落脚成右前行步,同时右臂下格挡,左拳收于腰侧(图 4-107)。左拳做中段直拳,右拳收于腰侧(图 4-108),配合发声。

结束势:身体向左后方转动,回到 A 位置,还原成准备势。

(a)正视图　　　(b)侧视图　　　(a)正视图　　　(b)侧视图　　　(a)正视图　　　(b)侧视图

图 4 - 106　　　　　　　　　图 4 - 107　　　　　　　图 4 - 108

四、跆拳道实战技术

跆拳道实战技术主要包括实战姿势、步法、格挡、躲闪、拳法和腿法等,在实战比赛中运动员根据时机、距离、攻防、移动加以变换才能有效地使用。拳法和腿法为得分技术。实战姿势、步法、格挡和躲闪为非得分技术。非得分技术不但可以为得分技术的使用创作条件,而且可以限制对手得分技术的使用。跆拳道实战要求攻防兼备,得分、非得分技术在跆拳道比赛中同等重要。

实战姿势是攻防实战的站位姿势,是所有实战技法的精髓和灵魂。任何实战技法的变化和运用都是在实战姿势的基础上发展衍生出来的。正确合理的实战姿势有利于快速反应和迅速机动,能够达到最佳的攻防实战状态。左脚在前称左实战姿势[图 4 - 109(a)、(b)];右脚在前称右实战姿势[图 4 - 109(c)、(d)]。

(a)左正面　　　(b)左侧面　　　(c)右正面　　　(d)右侧面

图 4 - 109

(一)跆拳道实战姿势站位

1. 实战姿势开式站位

实战双方各自把左、右脚放在前面(一方出左脚,另一方出右脚,或一方出右脚,另一方出左脚,形成同侧位站立,图 4 - 110)。

2.实战姿势闭式站位

实战双方各自把左脚或是右脚放在前面(双方均出左脚或均出右脚,形成异侧位站立,图4-111)。

图4-110   图4-111

(二)跆拳道基本步法

跆拳道运动中脚步的移动方法是调整自己与对手之间距离的一种有效形式,也是进攻和防守时必不可少的技术。步法灵活多变,如避让得当,在战斗中能赢得主动。因而,学好步法是非常重要的。跆拳道的主要步法有弹跳步、跳换步、前后滑步、上步与撤步、左右侧移步、前后垫步、前后交叉步和左右弧形步等。

1.弹跳步

实战姿势站立,两脚跟蹬离地面,两腿上下跳动富有弹性(图4-112)。

(a)   (b)   (c)

图4-112

2.跳换步

实战姿势站立,两脚同时蹬地使身体腾空,两脚前后交换同时转体;落地时身体姿势成另一侧实战姿势站立;跳换步的腾空不宜高,略离开地面快速转换;换步时要拧腰转髋,迅速敏捷(图4-113)。

(a)　　　　　　　(b)

图 4 - 113

3. 前滑步与后滑步

(1)前滑步。实战姿势站立,后脚掌用力蹬地,前脚沿地面向前滑一步,后脚迅速前滑跟上,保持原实战姿势站立(图 4 - 114)。

(a)　　　　　　(b)　　　　　　(c)

图 4 - 114

(2)后滑步。实战姿势站立,前脚掌用力蹬地,后脚沿地面向后滑一步,前脚迅速后滑跟上,保持原实战姿势站位(图 4 - 115)。

(a)　　　　　　(b)　　　　　　(c)

图 4 - 115

4.前上步与后撤步

实战姿势站立(图4－116),以前脚掌为轴,后脚蹬地抬起向前经前脚内侧向前上一步,形成和原来相反的实战姿势站立(图4－117)。前脚蹬地抬起向后经后脚内侧向后撤一步,形成和原来相反的实战姿势站立(图4－118)。前上步和后撤步可根据实战需要左右变化,调整与对方的相对距离,准备进行攻击或反击。

图4－116   图4－117   图4－118

5.左侧移步与右侧移步

(1)左侧移步。实战姿势站立,右脚蹬地,左脚向左侧滑一步,右脚随之左滑步跟上,保持原实战姿势站立(图4－119)。

(a)   (b)   (c)

图4－119

(2)右侧移步。实战姿势站立,左脚蹬地,右脚向右侧滑一步,左脚随之右滑步跟上,保持原实战姿势站立(图4－120)。

（a）　　　　　　　（b）　　　　　　　（c）

图 4 - 120

6. 前垫步与后垫步

（1）前垫步。实战姿势站立，重心前移，右脚离开地表向左脚内侧并拢，不等右脚落地，左脚蹬地向前迈步，保持原实战姿势站立。注意移动的距离不要过大，整个动作要协调连贯（图 4 - 121）。

（a）　　　　　　　（b）　　　　　　　（c）

图 4 - 121

（2）后垫步。实战姿势站立，重心后移，左脚向右脚方向并拢，不等左脚落地，右脚蹬地向后移动，两脚落地成实战姿势。左脚撤步要迅速，整个动作要协调连贯（图 4 - 122）。

（a）　　　　　　　（b）　　　　　　　（c）

图 4 - 122

7. 前后交叉步

前交叉步:实战姿势开始,右脚蹬地向左脚前方迈一步成交叉步,左脚蹬地向前跟一步,还原成实战姿势(图 4 - 123)。后交叉步同前交叉步向反。

　　　　(a)　　　　　　　(b)　　　　　　(c)

图 4 - 123

8. 左右弧形步

(1)左弧形步。实战姿势站立,以左脚为轴,右脚蹬地向左侧跨步,上体随之左转,整个动作要协调一致(图 4 - 124)。

(2)右弧形步。实战姿势站立,以左脚为轴,右脚蹬地向右侧跨步,身体随之右转,整个动作要协调一致(图 4 - 125)。

　　(a)　　　　　(b)　　　　　　　　　(a)　　　　　(b)

　　图 4 - 124　　　　　　　　　　　图 4 - 125

9. 组合步

组合步是指各种步法之间的不同组合。实际上,跆拳道技术在实战过程中,都是要应用各种步法的。

(三)跆拳道实战基本腿法

跆拳道的基本腿法包括前踢、横踢、侧踢、推踢、勾摆踢、后踢、后旋踢、双飞踢、旋风踢、跳踢、单腿连踢和双腿连踢腿法技术,在此重点介绍一些常用腿法(以左实战姿势站立,以后腿为例)。

1. 前踢

（1）动作要领。实战姿势站立，以左脚前脚掌为轴外旋约 90°，右脚向后蹬地，身体重心前移至左脚，右脚蹬地顺势屈膝上提，送髋顶膝，大腿带动小腿伸膝快速向前踢出，力达脚背或前脚掌。踢击目标后右腿迅速放松弹回，落回原地仍成左实战姿势（图 4 - 126）。

（a）　　　　　（b）　　　　　（c）　　　　　（d）　　　　　（e）

图 4 - 126

（2）动作要点。膝关节上提时大小腿折叠，关节夹紧，小腿和踝关节放松。提膝、送髋、踢击、回收要连贯迅速。

（3）主要攻击部位。面部、下颌、腹部、裆部。

（4）持靶方法。两脚前后站立，右手或左手持脚靶，踢击面与地面平行［图 4 - 127（侧面中位持靶）、图 4 - 128（侧面高位持靶）］。

图 4 - 127　　　　图 4 - 128

（5）分解练习。①手扶支持物，先练习提后腿。要求：提至与地面水平，同时向前送髋顶膝。②练习弹小腿。要求：膝关节固定，小腿放松。③弹小腿同时摆动同侧手臂。要求：手臂与所弹小腿方向同侧。另一侧手臂护住肋部。从实战姿势开始进行完整练习，可左右交替练习。

2. 横踢

（1）动作要领。实战姿势站立，右脚蹬地，重心移到左脚，右腿屈膝上提，两拳置于胸前；左脚前脚掌辗地外旋，髋关节左转；随即左脚掌继续外旋 180°，右腿膝关节向前抬至水平状态，小腿快速向左前横腿踢出；击打目标后迅速放松收回小腿；右脚落回成实战姿势（图 4 - 129）。

（a）　　　　　　　（b）　　　　　　　（c）

（d）　　　　　　　（e）　　　　　　　（f）

图 4 - 129

　（2）动作要点。蹬地、提膝、转体、送髋、踢击、收脚，整个动作过程要连贯协调，快速顺畅。支撑腿辗转要与身体的转动协调一致，踢击时力达脚背，双臂协调配合，两眼注视目标。

　（3）主要攻击部位。头部、胸部、腹部和肋部。

　（4）持靶方法。右手或左手持脚靶前伸顺侧站立，踢击面垂直地面内扣 45°[图 4 - 130（中位持靶）、图 4 - 131（高位持靶）]。

图 4 - 130

图 4 - 131

　（5）分解练习。①手扶支持物，先练习提后腿。要求：提至与地面水平，同时向前送髋。②练习转髋。要求：髋关节转完后至少与地面水平。③弹腿练习。要求：膝关节固定，小腿放松。④弹小腿同时摆动同侧手臂。要求:手臂与所弹小腿必须同侧。⑤从实战姿势开始进行控腿练习。要求:上体与折叠的大小腿在同一平面内。

3.推踢

(1)动作要领。实战姿势站立,右脚蹬地,重心前移,以左脚前脚掌为轴外旋约90°,右腿以髋关节为轴提膝送髋,脚掌向前蹬推,力达脚掌,推力向正前方(图4-132)。

　　　　(a)　　　　　　　　(b)　　　　　　　　(c)　　　　　　　　(d)　　　　　　　　(e)

图4-132

(2)动作要点。提膝,大小腿折叠收紧,重心向前移,利用身体的重量和爆发力快速蹬推;蹬推时,腿向前伸直,送髋挺膝。

(3)主要攻击部位。腹部、胸部。

(4)持靶方法。双手持脚靶折叠前伸,脚靶面垂直地面,两脚前后站立;左侧或右侧持脚靶[图4-133(正面持靶方法)、图4-134(侧面持靶方法)]。

图4-133　　　　　　　图4-134

(5)分解练习。①手扶支持物,先练习提后腿。要求:尽力将膝向上提勾脚。②送髋前蹬。要求:前蹬推时上体微后仰,送髋伸膝,直线蹬推,力达脚掌。前蹬时左臂护胸,右臂在右腿外侧。

4.侧踢

(1)动作要领。实战姿势站立,右脚蹬地,右腿以髋关节为轴屈膝提起,两手握拳置于体侧;随即左脚以前脚掌为轴外旋180°,髋关节向左旋转,右腿以膝关节为轴向前蹬伸,右脚快

速向右前上方直线踢出,力点在脚外侧。发力侧蹬落地后沿起腿路线还原到实战姿势站立(图
4-135)。

　　　(a)　　　　　　　　(b)　　　　　　　　(c)　　　　　　　　(d)　　　　　　　　(e)

图 4-135

　　　(2)动作要点。起腿时,膝关节夹紧;侧踢发力时,头、肩、腰、髋、膝、腿和踝成一直线踢出,
原路线收回。

　　　(3)主要攻击部位。膝部、腹部、肋部、胸部和头面部。

　　　(4)持靶方法。双手折叠持脚靶前伸,脚靶面垂直地面,两脚左右站立[图 4-136(侧中位
持靶)和图 4-137(靶高位持靶)]。

图 4-136　　　　　　　　图 4-137

　　　(5)分解练习。①练习提腿。要求:大小腿提膝折叠,支撑腿向内转动。②练习水平蹬腿。
要求:蹬出的方向与上体的协调配合。③蹬腿后的收腿练习。要求:收腿时,要大腿带小腿收
回,落地后成实战姿势。

　　　(6)完整练习。要求:提腿、转髋、蹬腿与收腿的动作连贯一气呵成。

　　　5.勾摆踢

　　　(1)动作要领。实战姿势站立,右脚蹬地重心前移,右腿以髋关节为轴屈膝上提,两手握拳
置于体侧;左脚以前脚掌为轴外旋180°,右腿以膝关节为轴继续向前上方伸成直线,右脚脚掌
顺势用力向右后屈膝鞭打,动作完成前落后,回原实战姿势站立(图 4-138)。

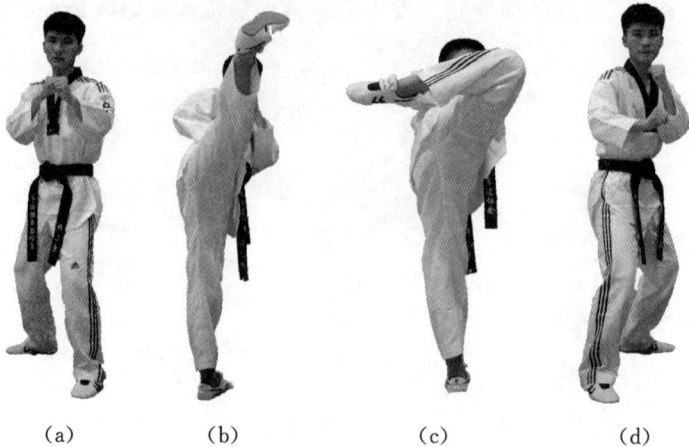

(a)　　　　　(b)　　　　　(c)　　　　　(d)

图 4 - 138

（2）动作要点。挺膝伸直，屈膝鞭打动作要连贯快速，没有停顿，击打点在体前方，力达脚掌。左脚旋转支撑保持平衡，蹬击后迅速屈膝勾摆。

（3）主要攻击部位。头面部和腹胸部。

（4）持靶方法。双手持脚靶于前上方垂直平行伸直，两脚靶微分开，两脚平行站立［图 4 - 139（正面持靶方法）、图 4 - 140（侧面持靶方法）］。

图 4 - 139　　　　　　　图 4 - 140

（5）分解练习。①开始练习时，手扶支持物，体会向侧前蹬腿的感觉。要求：蹬腿的方向为侧前方。②练习小腿鞭打动作。要求：以膝为轴，大腿带小腿完整练习。体会以髋带大腿、大腿带小腿的感觉。

6. 下劈

（1）动作要领。实战姿势站立，右脚蹬地，重心前移至左脚，右腿屈膝上提送髋，膝关节靠近胸部，两手握拳置于胸前，右小腿以膝关节为轴向上伸直上举于头顶，然后放松向下以脚后跟（或脚掌）为力点劈击，动作完成后落地还原成实战姿势（图 4 - 141）。

（a）　　　　（b）　　　　（c）　　　　（d）　　　　（e）　　　　（f）

图 4 - 141

（2）动作要点。向上举腿时，重心高起，向上送髋，起腿要快速、果断，踝关节要放松。

（3）主要攻击部位。头部、脸部和锁骨。

（4）持靶方法。单手持脚靶上举，击打面向前成 45°，两脚前后站立[图 4 - 142（正面持靶方法）、图 4 - 143（侧面持靶方法）]。

图 4 - 142　　　　图 4 - 143

（5）分解练习。实战姿势完整练习。要求：上举腿要向前上方送髋，下劈以髋带大小腿向下压，体会举腿用力下劈动作。

7. 后踢（以右实战姿势为例）

（1）动作要领。实战姿势站立，重心前移，同时以右前脚掌为轴内扣，头部与身体向左后转约 90°，上体制动，左脚沿右脚内侧折叠中上提，勾左脚向后直线踢出，力达脚跟或脚掌。踢击后，右脚落地后沿原路线快速收回，成原实战姿势站立（图 4 - 144）。

（a）　　　　（b）　　　　（c）　　　　（d）　　　　（e）　　　　（f）

图 4 - 144

(2)动作要点。起腿后上体和大小腿折叠收紧;后踢时动作延伸要长;转身、提腿、出脚动作连贯,一次性完成,没有停顿;击打目标在转体正后方。

(3)主要攻击部位。膝部、腹部、裆部、胸部和头面部。

(4)持靶方法。脚靶折叠,双臂前伸平举,击打面垂直地面[图 4-145(正面持靶)、图 4-146(侧面持靶)]。

图 4-145　　　　　图 4-146

(5)分解练习。手扶支持物,先转身,进行提膝练习。要求:转头的速度要快于转身,同时重心下降,移至左腿,大小腿折叠,后蹬练习;上体放松,锁住双肩。蹬出腿要贴着支撑腿内侧,大小腿伸直,力达脚跟。

8. 后旋踢

(1)动作要领。实战姿势站立,以左脚掌为轴内旋约 180°,身体随之右转约 90°,两眼目视目标,两拳置于胸前,右脚蹬地力量与上体拧转的力量合在一起,向右后旋摆鞭打,同时上体向右转,带动右腿弧形摆至身体右侧,右腿屈膝回收落地,还原成实战姿势站立(图 4-147)。

（a）　　　　（b）　　　　（c）　　　　（d）　　　　（e）　　　　（f）

图 4-147

(2)动作要点。转身旋转、踢腿要连贯顺畅,一气呵成,中间没有停顿;击打点应在正前方,呈水平弧线;屈膝提腿旋转速度要快,在原地旋转 360°。

(3)主要攻击部位。头部和胸部。

(4)持靶方法。双手持脚靶于前上方垂直平行伸直,两脚靶微分开,两脚平行站立[图 4-148(正面持靶)、图 4-149(侧面持靶)]。

图 4 - 148　　　　图 4 - 149

（5）分解练习。支撑脚前脚掌着地转动,转体同时向后蹬伸腿。要求:慢做。体会身体原地 360°转身;重心下降,身体团紧,开始摆动时不要求高度;熟练后再逐渐提升高度,动作熟练后可练习左腿后旋踢。

9.旋风踢

（1）动作要领。实战姿势站立,右脚蹬地重心前移,以左脚掌为轴身体右后转,右腿提膝后摆,当身体腾空面向攻击目标瞬间,左脚向目标横踢,动作完成后落地,还原成实战姿势站立（图 4 - 150）。

（a）　　　（b）　　　（c）　　　（d）　　　（e）　　　（f）

图 4 - 150

（2）动作要点。攻方上步转体动作要迅速果断,左脚内扣落地时脚跟对敌;右脚随身体右转向后右侧摆起时不要太高,以能带动身体旋转起跳为宜;左脚蹬地起跳,身体腾空,但不过膝,目的是快速旋转出腿;左脚横踢时,右腿向下落地,要快落站稳,即横踢目标的同时右脚落地。

（3）主要攻击部位。头部、胸部、腹部和肋部。

（4）持靶方法。右手或左手持脚靶前伸顺侧站立,踢击面垂直地面内扣 45°[图 4 - 151（低位持靶）、图 4 - 152（高位持靶）]。

图 4 - 151　　　　　图 4 - 152

　　(5)分解练习。先左腿提膝,右腿支撑,然后右腿横踢。要求:右腿横踢过程中重心不能下降,以右脚支撑腿为轴,身体右后转身360°,身体在旋转过程中重心不能改变,转身速度要快,重心要稳。

　　10. 双飞踢

　　(1)动作要领。实战姿势站立,身体重心前移,右腿向前横踢,紧接着左脚蹬地跳起,右腿屈膝下落,左腿在空中完成横踢,随即右脚落地,左腿收回,落地成实战姿势站立(图 4 - 153)。

(a)　　　　　　(b)　　　　　　(c)　　　　　　(d)

图 4 - 153

　　(2)动作要点。跳起不宜太高,通过蹬地和腰部快速转动,带动两腿迅速完成两次横踢,眼睛目视目标,两臂协调配合,上体适当前倾。

　　(3)进攻部位。肋部、胸部、腹部、头部。

　　(4)持靶方法。双手持脚靶前伸内扣,两脚前后站立成前弓步[图 4 - 154(正面持靶)、图 4 - 155(侧面持靶)]。

图 4 - 154　　　　　图 4 - 155

　　(5)分解练习。先进行左、右腿转髋练习。要求:重心不要有过大的起伏。左、右腿提膝练习。要求:提膝高度至少与髋同高,先练习右腿踢低位,左腿踢中位,转髋迅速,动作连贯。

(四)跆拳道实战组合技术

跆拳道实战组合技术是根据实战比赛中攻防变化,将两个或两个以上的单个技术动作连接在一起而构成的技击动作。由于在跆拳道实战比赛中,使用单个技术动作往往会被对方化解或反击,为了战胜对手,运动员就必须熟练掌握一些组合技术。在实战比赛中,运动员应根据场上具体变化情况,灵活多变地运用组合技术,使对手不清楚技术动作的变化规律,从而达到出奇制胜的目的。

1.前横踢接后横踢

双方闭式实战姿势准备。前横踢可以直接攻击得分,也可以作为一个假动作来迷惑对手,前横踢对手退一步,再跟进一腿（后横踢）;或者在进攻者第一腿没有攻击成功的情况下,对方有一定反应时后退一步的情况下再跟进一腿(图 4 - 156)。

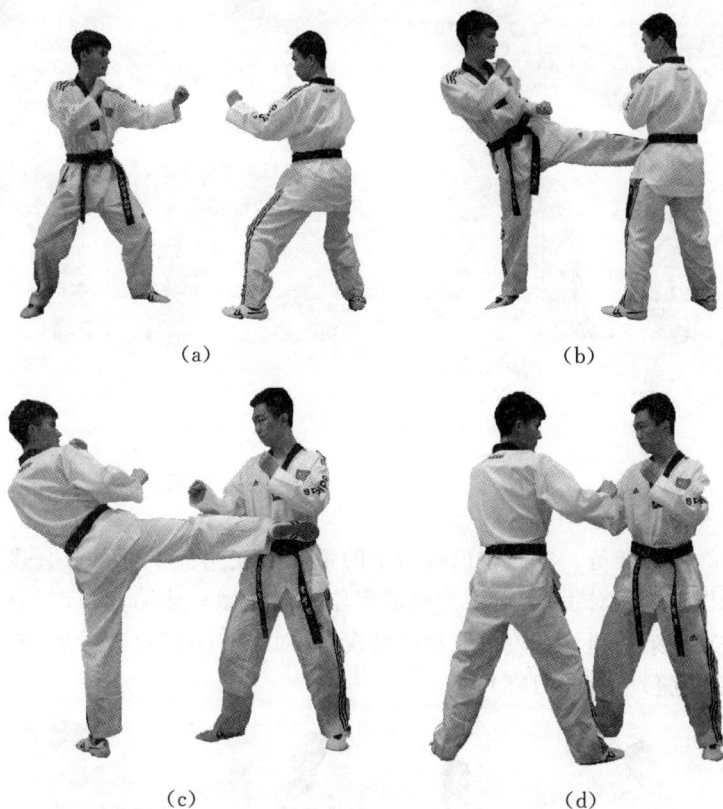

(a)　　　　　　　　　　　　　(b)

(c)　　　　　　　　　　　　　(d)

图 4 - 156

2.前推踢接后高横踢

双方开式实战姿势准备。前推踢是用来破坏对手的起腿动作,也可以作为一个假动作来迷惑对手,在对手为前推踢后撤一步反击时,就再连续跟进一腿后横踢高位;或者进攻者做前推踢,对方没有反应或反击时,就乘胜追击再连续跟进两腿(图 4 - 157)。

（a）　　　　　　　　　　　（b）

（c）　　　　　　　　　　　（d）

图 4 - 157

3.前下劈接后踢腿

　　双方闭式实战姿势准备。在对方没有防备的情况下使用前下劈可以直接攻击得分，也可以作为一个假动作来迷惑对手，在对手为前横踢作反应后撤一步防高位时，就再跟进一腿（后踢腿）；或者在进攻者第一腿没有攻击成功的情况下，对方有一定反应时后撤一步的情况下再快速跟进一腿（后踢腿）（图 4 - 158）。

（a）　　　　　　　　　　　（b）

(c)　　　　　　　　　　　　　　　　　(d)

图 4 - 158

4.后横踢接下劈腿

双方开式实战姿势准备。后横踢假动作迷惑对手,在对手为后横踢作反应后撤一步或侧移时,就再跟进一腿(下劈腿);或者在进攻者第一腿没有攻击成功的情况下,对方有一定反应时后撤一步的情况下再跟进一腿(下劈腿)(图 4 - 159)。

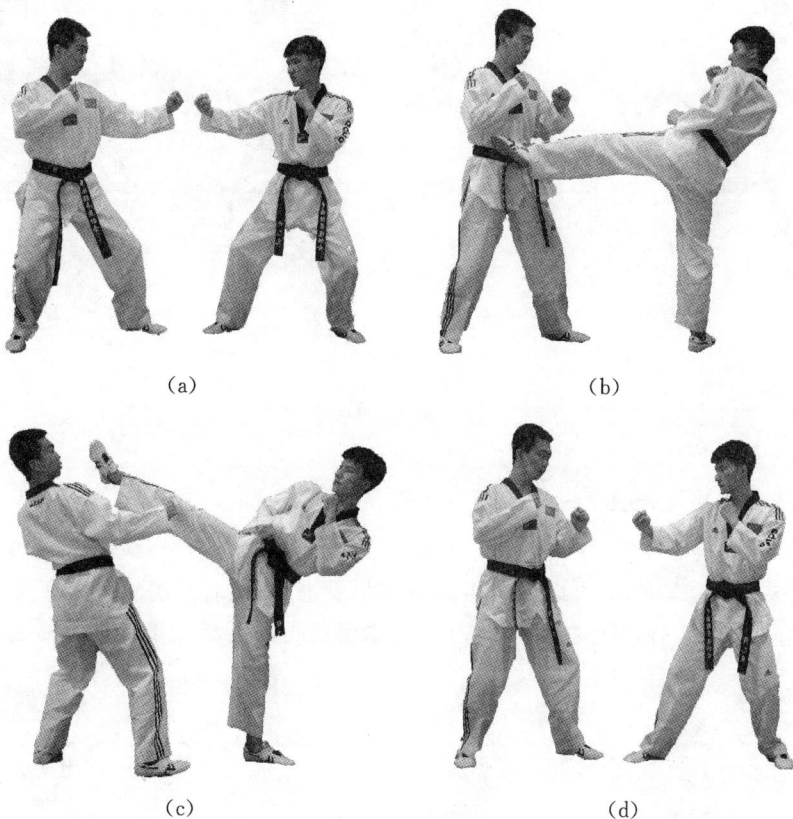

(a)　　　　　　　　　　　　　　　　　(b)

(c)　　　　　　　　　　　　　　　　　(d)

图 4 - 159

5.后滑步后横踢反击接还原实战后侧踢反击

双方闭式实战姿势准备。反击者在有准备的情况下后滑步后横踢可以直接反击得分,也可以作为一个助力动作来阻挡对手再次进攻,在对手再次进攻时,反击者直接拉回后腿反击

（后踢腿）；或者在反击者后滑步后横踢被进攻者有意识格挡住的情况下，直接拉回反击腿反击（后踢腿）（图 4 - 160）。

(a)　　　　　　　　　　　　　(b)

(c)　　　　　　　　　　　　　(d)

图 4 - 160

6. 后滑步前横踢反击接后滑步后横踢反击

　　双方闭式实战姿势准备。前横踢可以直接迎击得分，也可以当一个堵击动作来使对手放慢节奏，在对手再次进攻上来时，就可以做出再后滑一步反击一腿（后横踢）；或者在反击者把前横踢踢空的情况下，对方又有再次进攻的反应时，反击者就再次后滑一步反击后横踢（图 4 - 161）。

(a)　　　　　　　　　　　　　(b)

（c）　　　　　　　　　　　　　　　　（d）

图 4 - 161

7.后滑步后踢腿反击接后横踢反击高位

双方开式实战姿势准备。对手直接起后腿进攻时可以后滑步后踢腿直接反击,也可以作为一个转身的假动作来迷惑对手,在对手再次进攻时,就再做后横踢反击高位;或者反击者后踢腿没有反击成功时,就快速落地做再次后滑步后横踢反击(图 4 - 162)。

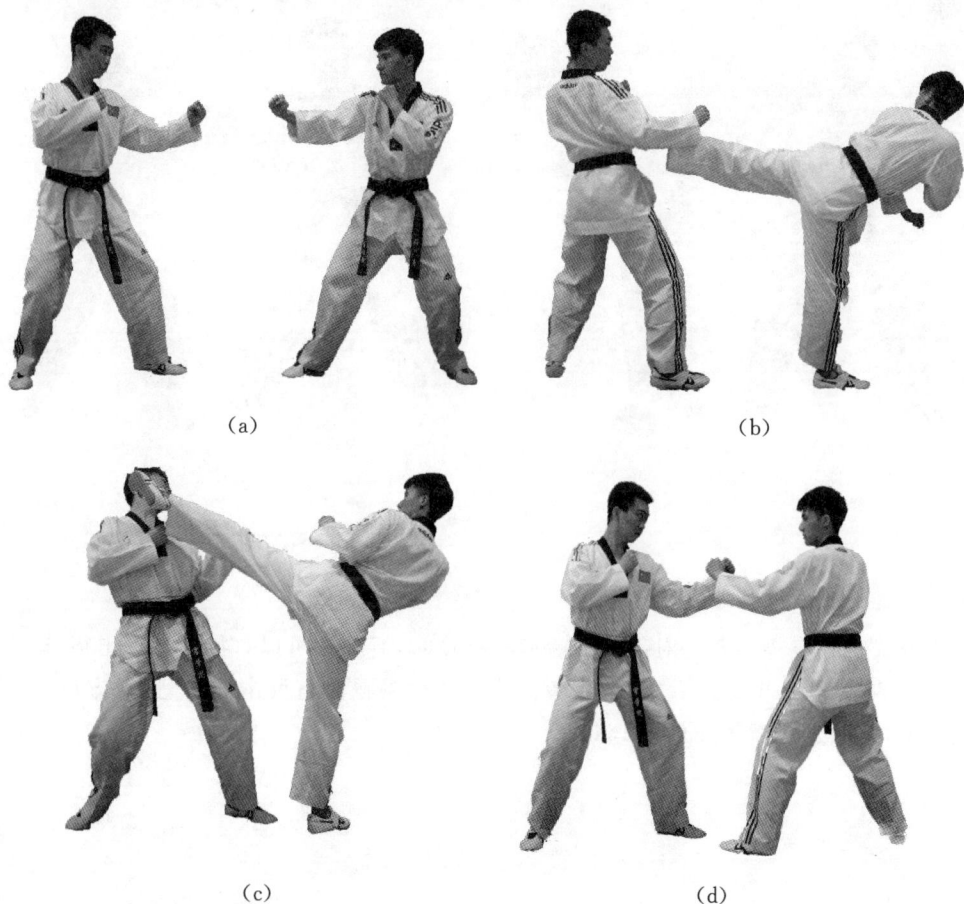

（a）　　　　　　　　　　　　　　　　（b）

（c）　　　　　　　　　　　　　　　　（d）

图 4 - 162

8. 前下劈腿迎击接后滑后横踢反击

　　双方开式实战姿势准备。前下劈腿可以直接迎击得分,也可以作为一个假动作来迷惑对手,在对手为高位进攻时,反击者第一时间后滑一步反击一腿(后横踢);或者在反击者第一腿没有迎击成功,对方再次进攻的情况下,反击者也跟着后滑一步反击一腿(图4-163)。

(a)　　　　　　　　　　　　　　　　　　(b)

(c)　　　　　　　　　　　　　　　　　　(d)

图4-163

9. 后踢腿反击接后横踢进攻

　　双方开式实战姿势准备。对手直接后横踢进攻时,后踢腿可以直接抓点反击得分,也可以在效果不好的情况下,再跟进后横踢;或者在反击者后踢腿没有反击成功,且对方反应后退躲闪的情况下,再跟进后横踢(图4-164)。

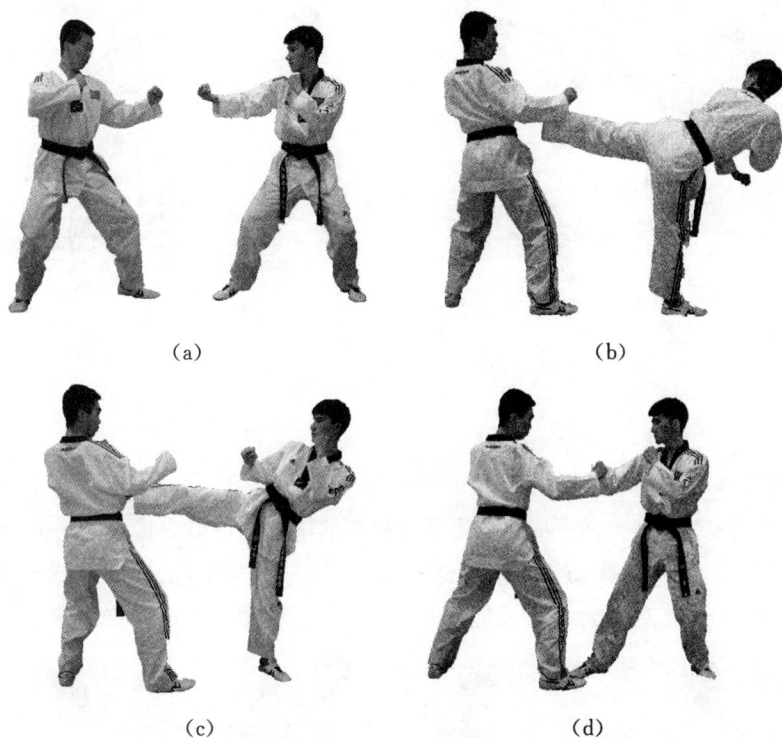

(a)　　　　　　　　　　　　　　　　　(b)

(c)　　　　　　　　　　　　　　　　　(d)

图 4 - 164

10. 前横踢接后滑步后横踢反击

双方闭式实战姿势准备。前横踢可以直接攻击得分,也可以作为一个假动作来迷惑对手,在对手为前横踢进攻时,就后滑一步反击(后横踢);或者在进攻者第一腿没有攻击成功,且对方避开后进攻的情况下,就快速后滑一步反击后横踢(图 4 - 165)。

(a)　　　　　　　　　　　　　　　　　(b)

(c)　　　　　　　　　　　(d)

图 4 - 165

11. 前下劈进攻接后踢反击

双方闭式实战姿势准备。前下劈在对方没有防备的情况下可以直接攻击得分,也可以作为一个假动作来迷惑对手,在对手为防高位反击进攻时,后滑一步反击(后踢腿);或者在进攻前下劈没有攻击成功的情况下,对手会马上反应进攻时,要快速后撤一步做反击后踢腿(图 4 - 166)。

(a)　　　　　　　　　　　(b)

(c)　　　　　　　　　　　(d)

图 4 - 166

12. 前横踢迎击接 360° 旋风踢进攻

双方开式实战姿势准备。前横踢迎击可以直接得分,也可以作为一个假动作来迷惑对手,在对手为前横踢做反应犹豫时,就再继续跟进一腿(360°旋风踢);或者对手对前横踢已有预防,就再连续跟进一腿(360°旋风踢)(图4-167)。

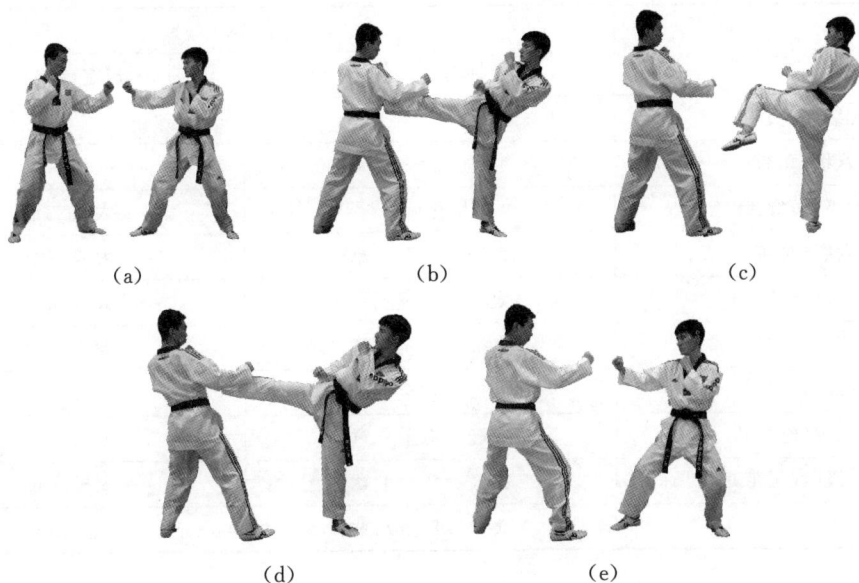

（a）　　　　　　　　　　　（b）　　　　　　　　　　　（c）

（d）　　　　　　　　　　　（e）

图4-167

第三节　跆拳道段位制定和竞赛规则

一、跆拳道段位简述

(一)跆拳道级别划分

跆拳道是利用段位来表示跆拳道练习者学识造诣、功力技术水平的。跆拳道有着严格的技术等级制度,跆拳道等级制定是以"九级""三品""九段"来划分的。初学者从九级开始逐渐升至一级,一级以上进入段位,入段以后都以黑腰带表示。道带颜色代表着不同级别、段位和内涵。如果年龄不到15周岁未成年选手,技术水平达到了黑带一段至三段,还不能授予黑带与颁发段证,因为还要求有一定的文化素质,思想也要成熟,只能授予红黑带,称为一品、二品、三品,选手年满15岁后不需要另外考核,一品、二品、三品自动升为一段、二段、三段。段位的高低是通过黑带上的特殊标记来区分的。跆拳道段位级别设置目标明确,有助于提高练习者在训练过程中的积极性和科学化、系统化、有序化,对跆拳道的普及与发展起到了极大的推动作用。

(二)跆拳道晋级标准及考试内容

跆拳道晋级(九级至一级)、升品(一品至三品)、考段(一段至九段)有相应的考核内容,包括品势、实战、功力、特技、理论等几方面。中国跆拳道协会级位考试规定品势与抽考品势、规定品势与段位考试年限如表4-1、表4-2所示。

表 4 - 1　中国跆拳道协会级位考试规定品势与抽考品势

级位（色带）	品势	
	抽考（一套）	规定（一套）
九级（白黄带）	无	无
八级（黄带）	无	太极一章
七级（黄绿带）	太极一章	太极二章
六级（绿带）	太极一章至二章	太极三章
五级（绿蓝带）	太极一章至三章	太极四章
四级（蓝带）	太极一章至四章	太极五章
三级（蓝红带）	太极一章至五章	太极六章
二级（红带）	太极一章至六章	太极七章
一级（红黑带）	太极一章至七章	太极八章
黑带一段	太极一章至八章	高丽

表 4 - 2　中国跆拳道协会规定品势与段位考试年限

段位		晋升间隔年限	段位开始年龄	品位开始年龄
品	一品	一	无	16 岁以下
	二品	1 年	无	16 岁以下
	三品	2 年	无	16 岁以下
段	一段	一	15 岁以上	
	二段	1 年	16 岁以上	
	三段	2 年	18 岁以上	
	四段	3 年	21 岁以上	
	五段	4 年	25 岁以上	
	六段	5 年	30 岁以上	
	七段	6 年	36 岁以上	
	八段	7 年	44 岁以上	
	九段	8 年	53 岁以上	

二、跆拳道竞赛规则

（一）比赛场地

跆拳道的比赛场地为平整、无障碍的场地,铺设有弹性的防滑垫。必要时,竞赛场地可置于离地面 0.6～1.0 米高度的平台上。为保证运动员的安全,比赛场地边界线应有与地面夹角小于 30°的斜波。比赛场地可选择下列任意一种形状的竞赛场地。

1. 正方形赛场

比赛场地由比赛区域与安全区域构成。正方形竞赛区域为 8 米×8 米。赛区周边为安全区,四面距离应相等。比赛场地(比赛区和安全区)应不小于 10 米×10 米,不大于 12 米×12 米。如果比赛场地在平台上,安全区可按需要扩大,以确保参赛运动员的安全。依据比赛操作指南,应以不同的颜色划分比赛区域和安全区域。

2. 八角形赛场

比赛场地由比赛区域与安全区域构成。比赛场地应为正方形,应不小于 10 米×10 米,不大于 12 米×12 米。比赛场地的中央为八角形的竞赛区,该赛区直径约为 8 米,八角形的每一侧边长度为 3.3 米。比赛场地的外围线和竞赛区的边界线之间为安全区。依据比赛操作指南,应以不同的颜色划分比赛区域和安全区域。

(二)参赛运动员

年龄在 17 岁以上的可参加相关年份主办的成人比赛(青少年锦标赛 15~17 岁,少年锦标赛 12~14 岁)。

(三)比赛服装和比赛装备

(1)道服或比赛服装、护具和其他装备的具体要求应分别指定。

(2)参赛运动员须穿着世界跆拳道联盟所认证的道服、头盔、护胸、护臂、手套、护裆、护腿和电子感应袜。

(3)穿着道服或比赛服装时,护臂、护腿应戴在道服内,护裆应穿在服装内。

(四)比赛分类与方法

(1)比赛的分类:个人赛和团体赛。

(2)比赛方法:单败淘汰制、复活赛、循环赛或其他赛制。

(五)比赛时间

比赛将进行 3 局,每局 2 分钟,局间休息 1 分钟。如果 3 局过后分数持平,休息 1 分钟然后进行时长 1 分钟的黄金加时赛。

(六)抽签

(1)抽签日期应在竞赛规程中明确。每队至少派一名代表参与抽签,参赛队伍有责任在抽签前确认其参赛。如参赛队无代表参加抽签,该参赛队应指派一名代理,并在抽签开始前告知技术代表或组委会。

(2)抽签方式包括人工随机抽签和电脑随机抽签两种。抽签的方法和顺序应由技术代表决定。

(七)称重简述

(1)参赛运动员在其比赛日前一天进行统一称重。每次称重的时长不超过 2 小时。

(2)每个比赛日上午将在场馆进行随机称重。所有通过统一称重的运动员必须在开赛前 1 个小时参加随机称重。如运动员随机称重时没有出现,将被取消参赛资格。随机称重必须在每个比赛日开赛前 30 分钟之前完成。

(八)比赛程序简述

(1)每场比赛开始前,主裁给出"青""红"的口令,双方参赛运动员左臂夹头盔进入竞赛区域。若参赛运动员未到场,或在教练区未及时穿戴全套服装,包括全套护具、制服等,他(她)将被视为弃权,主裁将宣布其对手为获胜方。

(2)双方运动员相向站立,听到主裁发布"立正"和"敬礼"的口令时互相鞠躬。鞠躬时自然站立,腰部前屈不小于 30°,头部前屈不小于 45°。鞠躬完毕后,运动员带上头盔。

（3）主裁发出"准备"和"开始"口令开始比赛。

（4）每局比赛由主裁发出"开始"口令即开始比赛。

（5）每局比赛以主裁判员的口令"停"结束。如果主裁判员没有发出"停"口令，以比赛时间结束判定比赛结束。但是，即使比赛时间结束，主裁判员仍然可以给出"严重警告"判罚并计入得分。

（6）当主裁给出"分开"的口令时，比赛暂停；当主裁给出"继续"的口令时，比赛继续。记录员必须在听到"分开"的口令时立即停止读秒，并在听到"继续"的口令时立即恢复读秒。

（7）最后一局比赛结束后，主裁举起获胜方手臂并宣布其胜利。

（8）选手退场。

（九）合规技术与区域

1.合规技术

（1）拳的技术：握紧拳头并使用正拳进行正面攻击的技术。

（2）脚的技术：使用踝关节以下脚的部位进行攻击的技术。

2.合规区域

（1）躯干：允许使用拳的技术和脚的技术攻击被护具包裹的躯干部位，但禁止攻击后背脊柱部位。

（2）头部：指锁骨以上的部位，只允许使用脚的技术进行攻击。

（十）有效得分和成绩

1.得分区域

（1）躯干：护胸的蓝色或红色区域。

（2）头部：头盔底边上的所有头部区域。

2.有效得分标准

（1）通过合法技术，以一定力度击打躯干得分区域，则得分。

（2）通过合法技术，击打头部得分区域，则得分。

（3）除出拳的技术外，技术、击打力度和/或击打部位的有效性将由电子计分系统判定。

3.有效得分

（1）有效拳的技术击中躯干护具得1分。

（2）有效腿的技术击中躯干护具得2分。

（3）有效腿的技术击中头部护具得3分。

（4）有效旋转技术击中躯干护具得4分。

（5）有效旋转技术击中头部护具得5分。

4.比赛成绩

比赛成绩为3局比赛分数总和。

（十一）犯规行为与判罚

（1）违规行为和判罚由主裁宣告。

（2）违禁行为将由主裁以"严重警告"口令进行扣分判罚。

（3）一次"扣分"将给予对方选手1分。

（4）犯规行为。

①以下行为为犯规行为，应给予"严重警告"判罚。越出边界线；倒地；回避比赛；抓或推对方运动员；提膝阻挡和/或踢对方运动员腿部以阻碍进攻，或者在空中踢击动作超过3秒以阻碍进攻，或瞄准对方运动员腰部以下的意图踢击；踢击腰部以下部位；在主裁发出"分开"的口令后的进攻；用手击打对方运动员头部；用膝部顶撞或攻击对方运动员；攻击倒地运动员；贴靠的状态下，膝部向外，用脚侧或脚底击打电子护具；运动员或教练员出现如下不良行为：不遵守主裁的指令或判定，对官员判定的不当抗议行为，试图扰乱或影响比赛结果的不恰当行为，激怒或侮辱对方的运动员或教练员的行为，未被授权的医生/治疗师或其他运动队官员坐在医生席位，运动员或教练员的任何其他严重不当言行以及违反体育道德的行为。

②当教练员或者运动员不遵照主裁判的口令以及出现过激不良行为时，主裁判可以出示黄牌发起处罚申请。竞赛监督委员会应着手调查教练员或运动员的行为并决定是否处罚。

（5）如果参赛选手故意一再拒绝遵守本规则或主裁的指令时，主裁判员可以出示黄牌，终止比赛，并宣布对方运动员获胜。

（6）如果检查台的主裁或在比赛区域的官员认为，参赛选手或教练试图操纵PSS传感器的灵敏度和/或用不恰当的行为改造PSS以影响其功能，如有必要，他们会与PSS的技术人员商榷以作判定。若为事实，该选手将被取消参赛资格。

（7）当参赛选手累计"扣分"次数达10次，主裁应通过判罚犯规宣布该名选手为败方。

（8）将"扣分"计入三局比赛的总分。

（十二）获胜方式

（1）击倒胜（KO胜）。

（2）主裁判终止比赛胜（RSC胜）。

（3）对方弃权胜（弃权胜）。

（4）对方失去资格胜（失格胜）。

（5）主裁判判罚犯规胜（犯规胜）。

三、跆拳道专业术语

跆拳道专业术语如表4-3所示。

表4-3　跆拳道专业术语

中文	英文
马步	Horse-riding step
前弓步	Front lunge
后弓步	Back lunge
手刀	Hand knife
防守	Defend
实战势准备	The actual potential preparation
换步	Change step
滑步	Slide step

中文	英文
踢腿准备	Kick preparation
换方向	Change the direction
向后转	Turn back
格挡	Block
前上踢	Front and up kick
斜上踢	Oblique and up kick
前踢	Front kick
横踢	Horizontal kick
推踢	Push Kick
侧踢	Slide kick
下劈踢	Down kick
前旋踢	The former roundhouse kick
后踢	Back kick
后旋踢	Spinning back kick
360°横踢	Turning kick
双飞踢	Double chop kick
腾空横踢	Vacated the roundhouse kick
青	Blue
红	Red
立正	Stand up
敬礼	Salute
准备	Ready
开始	Go
分开	Separate
结束	End
继续	Go on
计时	Timing
暂停	Stop
警告	Warning
扣分	Deduct Points
中国	China
韩国	Korea
跆拳道	Taekwondo

续表

中文	英文
跆拳道精神	Taekwondo spirit
礼仪	Ceremony
忍耐	Endurance
廉耻	Sense of shame
克己	Self denial
百折不屈	Indomitable
你好	Hello
谢谢	Thank you
抱歉	I'm sorry
稍等	Wait a moment
稍息	At ease
青胜	Blue win
红胜	Red win
进攻	Fight
即时录像审议	Video Replay
优势判定	Dominance criterion
一	One
二	Two
三	Three
四	Four
五	Five
六	Six
七	Seven
八	Eight
九	Nine
十	Ten
休息	Rest

第五章　太极推手

第一节　太极推手总论

一、太极推手概述及定义

(一)太极推手概述

太极推手,也称打手、揉手、揭手,是一项充满东方智慧的独特运动项目。太极推手经历了原始、成型、成熟、发展的阶段,具有哲学、伦理、兵法、医学的内涵,吸取了各流派推手的精华,并创编了相应的对练套路。太极推手具有传统性、科学性、健身性、技击性、观赏性、娱乐性,易于在广大民众中普及与推广。

(二)太极推手的概念

太极推手是两人按照一定的规则,以"掤、捋、挤、按、采、挒、肘、靠"为核心技法,以拳架为载体,以以柔克刚为理念,以听、问、引、化、拿、发为程序,以肢体沾连黏随为形式,通过借力发力,使对方身体失去平衡的一项具有对抗性的体育运动项目。

太极推手是以拳架承载推手技法,以推手验证拳架功效,并通过习练拳架和推手来不断提升动作技术和技战术水平。

太极推手以以柔克刚、四两拨千斤、身体微动彼落空的技艺被人所称道,并且武术中的踢、打、摔、拿四大技法均可在太极推手中随意运用,充分体现了太极推手的兼容性。

二、太极推手的起源和发展

任何一种技艺的产生都有它的源头,太极推手作为一种较技攻防的训练方法,也具有悠久的历史。

(一)原始阶段

古典技击是太极推手的技术源头。

现今出土的战国时期的"角抵",《汉书·艺文志》中《手搏》记载的"相错蓄,相散手",宋代的"相扑"等,从这些历史史料可以看出,古代的手搏、相扑、角抵等技击活动反映了一种"言二人之手臂错相聚蓄,其意即搏"(陈邦怀先生在《考古》1963年第10期《居延汉简偶谈》一文中对"相错蓄"的解释),这种搏的方法,从汉字字意到图示技术都说明它包含了打、踢、摔、扑、拿、推等多种技法,可以推断,太极推手中的技法源头久远。

(二)成型阶段

"诸靠缠绕"的打手技术是太极推手的技术原型。

陈王廷是太极拳发展史上重要的代表人物之一。他的《拳经总歌》的开头两句为:"纵放屈伸人莫知,诸靠缠绕我皆依。"唐豪先生认为,"诸靠"指的是推手八法,是两人手臂互靠,用推手八法粘贴缠绕,以练习懂劲和放劲的技巧,通过严格的和正确的锻炼,反复练习,不断提高技术水平,达到"人不知我,我独知人"的推手高级技术水平。同时,整个《拳经总歌》所体现的"搬捌""劈打""推压""闪惊巧取""上提下顾"等技法和战术都是太极推手重要的技术原型素材。

(三)成熟阶段

"懂劲柔发"的控制技术是太极推手技术的升华。

这以王宗岳的《太极拳论》为代表,其提出的"动静之机""随屈就伸""人刚我柔谓之走""我顺人背为之粘""动急则急应""由懂劲而阶及神明"等一系列技术要求、战术观点、练习程序等充分反映了太极推手技战术的成熟与升华。其技术特征表现为,在陈王廷时代开始的太极推手技术包括"擒、拿、跌、掷、打"等技术,以"扳跌"技术见长,对身体素质要求较高,推手时出现"后腿屈膝下蹲,前腿足尖翘起,腿肚着地",可见其难度之大,技击性之高。其后,在杨露禅、武禹襄、李亦畬、吴鉴泉等众多太极拳家的不断完善下,逐渐形成了由打手到推手再到揉手的发展历程,预示着太极推手由重视外在的招式到追求内在劲法,由控制关节运动到控制劲路、劲源、劲点,由刚猛武技向柔化武技以及刚柔并济方向发展的路径,最终完成了将人类原始格斗向文明理性回归的文化过程,向世界贡献了一种独特格斗运动。

明末清初,伴随着各式太极拳的发展,相应的太极推手也逐步发展完善。

(四)发展阶段

这一阶段,太极推手"竞赛课程"从民间习练向国家规范发展。

新中国成立以后,为了满足全民健身的需要,1956 年国家体委组织专家创编了《简化太极拳》,随后也整理改编了《太极拳推手》,1993 年又出版了《太极拳推手对练套路》。在体育竞赛背景下,太极拳推手竞赛从 1970 年开始,将太极拳推手列入发展计划,1979 年开始试点,制定了第一部《太极拳推手竞赛暂行规则》,1982—1989 年与散打同步发展,1994 年增加女子推手比赛,一直延续到 2003 年,之后全国正式比赛取消。此后,在一些地方性邀请赛上,太极拳推手仍然保留。2013 年,中国武术研究院再次组织专家研讨推手规则,于 2018 年 4 月公布了新的《武术太极拳推手竞赛规则(试行版)》。规则中强调:①必须采用"掤、捋、挤、按、采、挒、肘、靠"的方法元素(简称八法),以及相应的步法;②必须贯彻"沾连黏随""刚柔相济"的原则;③必须在盘手(四正手)状态下完成进攻动作。此外,还在合手演示、分手先后进攻等要求上做了一些改进,试图能够回归太极拳推手的本质特点。

三、太极推手的特点及锻炼价值

(一)太极推手的特点

1. 以小胜大

太极推手追求以小力打大力,以无力打有力。对太极推手特点的论述,最为经典的当属《太极拳论》所提出的"四两拨千斤""显非力胜""舍己从人"等观点,概括而言就是以小胜大的击法特点。

太极推手中,在一定条件下确实存在以小胜大的现象,这里对胜的界定是使对方攻击落空、产生身体移动或倾倒等情况,也包括用较小力击打对方薄弱的部位,将绝对力量大于己方的对手拿住、击伤、摔倒等。一定条件下包括:双方处在不脱离接触的推手状态,对方攻击力量大且无变化,对抗双方的水平程度不同等。例如,甲方用 10 公斤的直力推乙方,乙方在掌握好时机后,可以通过转动身体用很小的力,化解甲方的直力攻击,使甲方摔出。

2.以柔克刚

在技术上,太极推手追求沾连黏随不丢顶,以柔化而制刚猛。太极拳的推手方法特点是通过采用掤劲,似有似无地黏住对方,不与对方分开,这种劲是一种可进可退的活劲(太极拳称为轻灵劲)。要想黏住对方就要在变化中黏住,所谓"走即是黏,黏即是走",这里"走"就是变化,具体方法不外乎"连"(即彼屈我伸),或者是"随"(即彼伸我屈),原则上要求不丢(即不与对方接触点脱开)、不顶(即不与对方来力做无变化的相较劲),从而实现在双人接触的条件下使用技法,通过感知对方力的要素变化,引逗对方刚猛使力,以较小的劲使对方失重而制胜。与此相反的技术是用绝对的力量强攻对手,即所谓的顶与抗,使蛮力。虽然这两者的界限难以定量,特别是在大强度的对抗情况下,掤与顶的界定不好评判,但是,太极拳的技术主体追求的是以柔克刚,这是不容置疑的。

3.以慢胜快

在战术上,太极推手追求以手慢打手快,以后发而制先发。太极拳论中的快与慢,不是绝对意义上的速度概念,更多是发招先后的含义。快速的动作,由于惯性作用,往往在动作过程中不容易改变方向,如果能够有良好的预判能力(太极拳术语称作"听劲"),就可以根据对手来力的大小、方向、作用点,采取一定方法准确地通过改变攻击力的作用点,或引进落空令其失重或顺势攻击等,达到制胜目的,这也是舍己从人的一种表现。在技击中动手的顺序上,显然后动胜先动,通俗的概念表述为快慢,但是,这绝对不是文字上理解的快慢,即面对快速攻击,用缓慢的动作防守,否则违背了"动急则急应"的拳论,所以,太极推手的快慢主要是战术策略。

综上所述,我们可以归纳出太极推手的主要特点,即技击形式以接触式为主,技击战术以后发为主,技击类型以防御为主,技击方法以柔化为主。透过太极推手的具体特点,似乎更深层次地反映了太极推手技击追求以柔克刚的背后是理性的"巧斗"、是文明的"斗争"、是人类理性的回归,折射的是"反者道之动,弱者道之用"的哲理,这是太极推手技击的更深层的特点。

(二)太极推手的锻炼价值

太极推手一般采用均匀、缓和、有节奏的腹式呼吸,这有利于改善人体肺泡通气量,使呼吸深度加大。太极推手讲究蓄劲如开弓,发劲似放箭。采用吸足呼尽的呼吸方法,既能节省能量消耗,又能提高肺泡气体交换率,为细胞摄氧和用氧提供了方便。因此,练习太极推手能改善人体呼吸系统的功能。另外,太极推手是中枢神经运动、呼吸运动和骨骼肌肉运动相结合的综合性运动,对改善血液循环、增强人体体质、提高韧带的柔韧性和关节的灵活性及祛病等都有很好的效果。

第二节　太极推手运动的基本内容

一、太极推手礼仪

(一)太极推手以礼始,以礼终

太极推手在学习、训练、活动过程中始终遵循"以礼始,以礼终"的尚武原则,将"礼"放在首位。礼仪包括礼貌、礼节、仪表和仪态、道德、尊重,是太极推手入门时的必学课程。礼仪教育是太极推手运动必不可少的组成部分,贯穿太极推手教学的始终。

(二)太极推手精神

太极推手在攻防实战中讲求"沾连黏随""舍己从人""引进落空""后发制人",不提倡主动进攻,这种谦和的精神与道家的"贵柔""无为""不争"的理念是一脉相承的。太极推手精神的教育价值在于它能使修炼者通过反复的身心锻炼,最终养成修身养性的习惯。身心习惯的锻炼能培养谦和、自信、包容、和谐、至善的精神理念,从而达到自我控制和培养积极进取的人格的目的。

(三)太极推手礼仪规范的具体表现

1.立正

两脚并拢直体站立,手掌并拢贴于大腿两侧,两眼平视前方,神态自然(图 5-1)。

2.跨立

左脚向左开一步与肩同宽,两脚平行,重心在两腿中间;右手握拳,左手握右手腕部,放于身后腰部;挺胸收腹,两眼平视前方,神态自然(图 5-2)。

(a)　　　　　　(b)

图 5-1　　　　　　　图 5-2

3.敬礼和握手礼

两脚并步直立,两臂置于身体两侧,上体前倾不小于 30°,头部前倾不小于 45°,稍停后,还原成直立姿势(图 5-3);扣腕握手(图 5-4)。

(a)　　　　　　(b)

图 5-3　　　　　　　　　图 5-4

4.撤步抱拳礼

两人同时向后撤右步(图 5-5),收左脚并步站立,右拳左掌,两臂撑圆抱于胸前(图 5-6),

礼毕后,两手放于体侧,恢复自然站立(图5-7)。

图5-5　　　　　　　　　　图5-6　　　　　　　　　　图5-7

5.坐势

坐势分为盘坐与跪坐。

盘坐:双脚交叉,右脚在前,盘腿坐于地上,双手握拳放于双膝上,收腹挺胸,眼睛平视前方,神态自然(图5-8)。

跪坐:膝关节并拢跪于地上,双脚脚背绷直贴地,双手放于大腿上,收腹挺胸,眼睛平视前方,神态自然(图5-9)。

(a)侧面　　　　　　(b)正面

图5-8　　　　　　　　　　　　　图5-9

二、太极推手基本手型、步型和应用部位

(一)太极推手的手型

手型是指手掌的形态。在太极推手中,有三种主要的手型:拳、掌、勾。太极拳要求劲力"运之于掌,通之于指",手是传感器,听劲、化劲、发劲都主要通过手,且太极八法中前六法直接以手完成。

1.掌型

五指自然伸直微分,虎口撑圆,掌心微含,形如荷叶状(图5-10)。

2.拳型

四指自然卷曲,拇指扣于食指第二指节上,拳面齐平(图5-11)。

3.勾手

五指第一指节自然捏拢,屈腕,掌心含空,五指不可用力(图5-12)。

  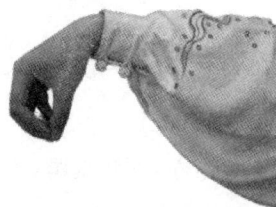

图 5 - 10　　　　　　　　图 5 - 11　　　　　　　　图 5 - 12

(二)太极推手步型

步型是指动作定势时下肢的形态。步型承载全身的重量,首先在运动中要保持身体中正;其次是气沉丹田,通过降低重心来提高下肢的稳定性。

1. 弓步

两脚前后错步站立,前腿屈膝,大腿水平,膝部与脚面垂直,后腿微屈,全脚掌着地,脚尖朝向斜前 45°,做到"前腿弓,后腿绷"(图 5 - 13)。

2. 马步

两脚左右开立,距离约为脚长 3 倍,屈膝下蹲,大腿接近水平,两脚尖向正前方,沉髋敛臀,上体正直(图 5 - 14)。

图 5 - 13　　　　　　　　图 5 - 14

3. 虚步

两脚前后错步站立,后腿屈膝下蹲支撑体重,前腿微屈,脚尖或脚跟着地[图 5 - 15(后脚跟着地)、图 5 - 16(前脚掌着地)]。

图 5 - 15　　　　　　　　图 5 - 16

4.仆步

两脚左右开步,一腿全蹲脚尖稍外展,一腿伸直平铺于地面,脚尖内扣(图5-17)。

5.歇步(盘步)

交叉步站立,两腿全蹲,前脚全脚着地,脚尖外展,后脚前脚掌着地,前腿坐在后腿上(图5-18)。

图5-17　　　　　　　　　　　　图5-18

(三)太极推手练习距离和搭手姿势

太极推手练习距离的动作要领:双方成立正姿势,两手握拳平举,拳面相接触(图5-19)。

太极推手搭手姿势动作要领(上步搭手,以右势为例):甲、乙两人同时以左脚跟为轴,左脚尖外摆45°,右脚向前迈一步,成三七式虚步,两脚内侧平行相对,两人右脚间相距10~20厘米;右手腕部相搭,左手掌心轻触对手的肘尖部,两眼平视对方(图5-20)。

　　　　　　　　　　　　　　　　(a)　　　　　　　　　　　　(b)

图5-19　　　　　　　　　　　图5-20

搭手姿势动作要点:①搭手时,一手控制住对方腕部,另一手控制住对方肘部。②两臂略含掤劲,微向前上方送劲。

三、太极推手八种进攻方法

太极推手的主要内容是由四正、四隅八法组成。掤、捋、挤、按四法为正法,称为四正;采、挒、肘、靠四法为奇法,称为四隅。练习推手的目的就在于熟练掌握这八种劲法的使用。

(一)掤法

掤是身体和前臂向上向外横向用力,使对手身体扭转失重的技法。揽雀尾中的掤是具有代表性的动作(图5-21、图5-22)。

图 5-21 　　　　　 图 5-22

1.掤法一

（1）搭手姿势。

动作要领：甲、乙两人同时以左脚跟为轴,左脚尖外摆45°,上右脚步,成三七式虚步,右手腕部阳面相触,左手掌心轻触对手的肘尖部位,两眼平视对方[图5-23(上步搭手)]。低发马尾辫者为甲,高发马尾辫者为乙。

（2）进步左按右掤。

动作要领：甲方左手从乙方下侧向外绕,划开乙方右手并顺势按住乙方右手腕,甲方右手臂中点横置在乙方右臂腋下成掤式,同时,甲方右脚上一小步在乙方两脚之间,右臂向上方用力掤出乙方[图5-24(挂臂分手)、图5-25(后引掤臂)、图5-26(蓄劲掤臂)、图5-27(进步掤发)]。

图 5-23 　　　　　 图 5-24 　　　　　 图 5-25

图 5-26 　　　　　 图 5-27

甲、乙双方互换练习,乙方进攻,甲方喂手,动作过程不变,循环往复。

动作要点:①以右手小臂的中点为接触点,身体重心下沉,右臂上掤,反向用劲,保持整体用劲。②甲方左手划开乙方右臂时,右手同时跟进,在此过程中要左右手和上下肢相互协调配合。

2.掤法二

(1)搭手姿势。

动作要领:甲、乙两人同时以左脚跟为轴,左脚尖外摆45°,上右脚步,成三七式虚步,右手腕部阳面相触,左手掌心轻触对手的肘尖部位,两眼平视对方[图5-28(上步搭手)]。

(2)拨手换步弓步掤手。

动作要领:甲方左手外绕拨开乙方右手,左手顺势按住乙方右手腕,随即左臂横架于乙方左腋下,同时,右脚微后撤,左脚上步套在乙方右脚跟处,形成左掤势。甲方右脚蹬地,左脚向前上一步,左手保持掤形,同时右手下按,控制住乙方右腕,重心迁移,用整体劲将乙方掤出[图5-29(挂臂分手)、5-30(绕臂缠手)、图5-31(后引握臂)、图5-32(弓步掤手)]。

图5-28

图5-29

图5-30

图5-31

图5-32

甲、乙双方互换练习,乙方进攻,甲方喂手,动作过程不变,循环往复。

动作要点:①前掤时,后脚用力蹬地,前脚上步控住对方前腿。上体尽量贴近对方。②绕臂、换手、按腕、换步、进步、掤发要一气呵成,不可间断。

(二)将法

将在掌中,两手经体前向左或向右弧形横抹,三分向下,七分向后,如揽雀尾将式(图5-33、图5-34)。

图 5 - 33　　　　　　　　图 5 - 34

1. 挒法一

(1) 搭手姿势。

动作要领：甲、乙两人同时以左脚跟为轴，左脚尖外摆 45°，上右脚步，成三七式虚步，右手腕部阳面相触，左手掌心轻触对手的肘尖部位，两眼平视对方［图 5 - 35（上步搭手）］。

(2) 撤步平挒。

动作要领：甲方左手外绕拨开乙方右手，左手顺势夹住乙方右小臂肘关节，右手沿乙方右小臂顺势夹住乙方右手腕处，同时，甲方右脚后撤一步，转腰发力，将乙方向后水平方向挒出［图 5 - 36（借力后引）、图 5 - 37（后引缠臂）］。

图 5 - 35　　　　　　图 5 - 36　　　　　　　　图 5 - 37

动作要点：①甲方挒时，腰、脚、手协调配合，撤步整体运动形成合力。②甲方的右手扣住乙方右手腕，左手掌或者小臂要控制乙方右手肘关节。③挒时，甲方两手臂合力夹住对方右手臂，以防乙方右手旋转逃脱。

2. 挒法二

(1) 搭手姿势。

动作要领：甲、乙两人同时以左脚跟为轴，左脚尖外摆 45°，上右脚步，成三七式虚步，右手腕部阳面相触，左手掌心轻触对手的肘尖部位，两眼平视对方［图 5 - 38（上步搭手）］。

(2) 撤步下挒。

动作要领：接搭手势，甲方左手外绕拨开乙方右手，左手（或者小臂）顺势夹住乙方右小臂肘关节，右手沿乙方右小臂顺势夹住乙方右手腕处，同时，甲方右脚后撤一步，身体下坐转腰发力，将乙方向下、向后方向挒倒［图 5 - 39（分手绕臂）、图 5 - 40（上步绕臂）、图 5 - 41（后撤）、图 5 - 42（下挒）］。

图 5 - 38

图 5 - 39

图 5 - 40

图 5 - 41

图 5 - 42

动作要点：①撤步时要侧身，让出中线，防止对手顺势撞击身体重心。②"将在掌中"，要区别于采法和拉拽的方法，不要五指抓握对手，不要用死力反方向与对手较劲，相互拉扯，一定要注意顺势借力。

（三）挤法

挤在手背，一臂掤圆在前，另一手扶腕合力向前推挤，使对方失去重心向后跌出（图 5 - 43、图 5 - 44）。

图 5 - 43

图 5 - 44

1. 挤法一

上步搭手合手前挤动作要领：甲方右手臂做掤法撑住对方手臂，左手从对方肘下方顺势与自己右手腕部相合，同时，右脚直接踏踩在对方两脚之间，全身合力，直接合掌挤对手胸中线使对手跌出［图 5 - 45（上步搭手）、图 5 - 46（借力后引）、图 5 - 47（上步合挤）、图 5 - 48（弓步前挤）］。

图 5-45　　　　　　　　　　　　　图 5-46

图 5-47　　　　　　　　　　　　　图 5-48

动作要点：①双方接触点是掌背，后背保持拱形拉成弓状，发力前挤时全身整体用力撞击。②前手逼住对手重心，合劲撞打，全身移动产生整体挤劲。

2. 挤法二

上步搭手绕臂右挤动作要领：接搭手势，甲方保持右肘关节用掤劲撑住对手，不能丢劲，借对手的力作为支点，左手从对方右手前臂下外绕缠出，合向右掌，右手缠将乙方右臂，捋握住对方手腕部，随即右臂横于乙方胸前，此时，左掌合于右腕，右手背贴着乙方胸部中线或者腋下中线，同时，右脚直接踏踩在对方两脚之间，全身合力挤出乙方［图 5-49（上步搭手）、图 5-50（分手缠臂）、图 5-51（上步合挤）、图 5-52（弓步挤发）］。

图 5-49　　　　　图 5-50　　　　　　图 5-51　　　　　图 5-52

动作要点：①绕臂时要避开对手用力点，顺着对手手臂滑进其两臂之间，找准对方中心线。②贴身进步要整体合一，发力要快。

(四)按法

按在腰间,一手虚拢对方腕部,另一手黏其肘,两掌弧形向下压按和向前向上推按(图5-53至图5-56)。

图5-53　　　　　图5-54　　　　　图5-55　　　　　图5-56

1.按法一

上步搭手挂臂按胯动作要领:接搭手势,甲方左手从乙方右臂下向外绕划开乙方右手,顺势按住乙方右胯髋关节处,右手也顺势滑落至乙方左胯处,同时,右脚进步,全身下沉合力下按,令乙方坐跌而出[图5-57(上步搭手)、图5-58(挂臂分手)、图5-59(上步按髋)、图5-60(弓步发力)]。

图5-57　　　　　图5-58　　　　　图5-59　　　　　图5-60

动作要点:前按时,后脚蹬地重心前移,双手按在对方髋关节折叠处。

2.按法二

上步搭手弓步前按动作要领:接搭手势,甲方右手横移至于乙方右手腕处,左手顺势按在乙方肘关节处,如拳势的如封似闭动作,同时,右脚直接踏踩在对方两脚之间,全身合力,直接通过按压乙方手臂向其胸部施加压力,若对方反抗,则借力再上发,令对手弹跳跌出[图5-61(上步搭手)、图5-62(后坐引臂)、图5-63(弓步前按)、图5-64(弓步前按)]。

图5-61　　　　　图5-62　　　　　图5-63　　　　　图5-64

动作要点:充分利用全身重力下压,再激起对方反抗力,然后顺势借力向上发放。

3. 按法三

上步搭手挂臂前按动作要领：接搭手势，若乙方先按甲方胸部，甲方则双臂上挂化解按劲后，反向乙方胸部使按劲[图5-65(上步搭手)、图5-66(挂臂分手)、图5-67(上步前按)、图5-68(弓步发力)]。

图5-65　　　　　　　图5-66　　　　　　　图5-67　　　　　　　图5-68

动作要点：挂臂化劲时，手臂后引身体前进，保持双臂向前向上平衡用劲。

(五)采法

采在十指，是以手指抓住对方手腕或肘部向下向后下沉牵引的技法，如披身捶式(图5-69、图5-70)。

图5-69　　　　　　　　　　图5-70

动作要点：身体猛然沉坠，将沉劲透到手上。

1. 采法一

上步搭手单臂后采手动作要领：接搭手势，甲方右手向右旋转，左手贴住乙方右肘，随即将乙方右臂反转向右，将其右拉，采乙方右臂，使其向甲方右侧倾倒(图5-71、图5-72)。

图5-71　　　　　　　　　　图5-72

动作要点：先捋引使其前倾，再顺势采发。

2. 采法二

上步搭手单臂后采手动作要领:接搭手势,甲方先以掤劲引乙方用力,待乙方对抗用力时,甲方右手向拇指方向旋转,左手向上推乙方右肘,将乙方右臂向上引起至最高点时,随即将乙方右臂反转,使手向下、肘在上,甲方左手抓乙方右肘曲池穴,右手抓乙方右手虎口合谷穴,将其右臂向下突然下拉;同时,甲方右脚后撤,利用身体下坠,双手紧握合力,采乙方右臂,使其向甲方脚下方向倾倒[图 5-73(上步搭手)、图 5-74(借力上引)、图 5-75(后坐下引)、图5-76(撤步下采)、图 5-77(仆步下采)]。

　　图 5-73　　　　　　　　　　图 5-74　　　　　　　　　图 5-75

　　　图 5-76　　　　　　　　　　　　图 5-77

动作要点:①问劲充分,待对方用力猛时快速向上引化,借力打力,控制其右臂将其重心提起。②下采时,身体下坠与双手下拉用力要协调一致,将双手下拉之力、自身重心主动下坠之力叠加在一起作用于对方身上。③在整个技术运用过程中,应用"欲下先上"原理。

3. 采法三

上步搭手双臂采手动作要领:甲方先以捆劲问劲,当对方用力反抗时,甲方右臂保持掤劲,左手迅速从对方右臂下,经过内侧向外挂开,并顺势握住乙方右手腕;甲方以右肘为中心绕乙方左臂,向小指一侧逆时针旋转,右手握乙方左手腕,双手握住乙方两手腕;同时,甲方撤右脚,身体迅速下坠,双手紧握乙方手腕向下拉动,将乙方重心向上、再向下引动,使乙方向甲方脚下方向倾倒[图 5-78(上步搭手)、图 5-79(挂臂分手)、图 5-80(后坐扣腕)、图 5-81(撤步下采)、图 5-82(仆步下采)]。

图 5 - 78

图 5 - 79

图 5 - 80

图 5 - 81

图 5 - 82

动作要点：①采握对方过程中，右臂掤劲须保持不丢。②双手配合要熟练流畅，手臂与右脚撤步要协调一致。③发力下采时，要借力引动，再突然向下用力。

(六)捯法

捯在两肱，是以两臂向左或向右横向发劲，以横力取直劲的技击方法(图 5 - 83)。

(a)

(b)

图 5 - 83

1. 捯法一

上步搭手缠臂分捯动作要领：接搭手势，甲方左手心以乙方的右肘为支点，向下、向乙方左臂顺势滑动，经胸前，缠握乙方的左大臂内侧，手心向外抓住乙方的手臂肘关节处；甲方右手以乙方的左手心为支点向下滑动至乙方的左手腕，抓住对方的手腕，甲方控制住乙方整个左臂；

同时,左脚向前上一步,左脚套住乙方的左脚跟处,随即身体左转,上下身体对向发力,令乙方翻倒跌出[图5-84(上步搭手)、图5-85(后坐引臂)、图5-86(分手缠臂)、图5-87(上步穿臂)、图5-88(弓步分捌)]。

图5-84

图5-85

图5-86

图5-87

图5-88

动作要点:①上下肢同时相对用力,形成剪刀分劲,不可断劲一气呵成。②缠手要顺着对手的手臂滑动沾连黏随住对手。

2.捌法二

上步搭手挂臂分捌动作要领:接搭手势,甲方左手外绕缠绕一周化开乙方右手,左手(或者小臂)顺势插在乙方右大臂腋下,右手抓握乙方右手腕,控制乙方右臂;同时,右脚微后撤(或者不动,视两人间距而定),左脚上步套在乙方左脚跟处或者两脚之间,随即身体左转,上下身体对向发力,令乙方翻倒跌出[图5-89(上步搭手)、图5-90(挂臂分手)、图5-91(后坐引臂)、图5-92(上步穿臂)、图5-93(弓步分捌)]。

图5-89

图5-90

图5-91

图 5 - 92　　　　　　　　　　　　　图 5 - 93

动作要点:①推手中控制对方左臂,手法顺势借力缠臂,不可丢劲,防止对方抽手逃脱。②上步卡住乙方脚跟,形成下肢控住腿,上转腰发力,上下对向剪切发力。

(七)肘法

肘在屈使,是近距离以肘部攻防的技法(图 5 - 94)。

1. 肘法一

上步搭手进步肘捌动作要领:接搭手势,甲右手向左引化乙方,甲左手接乙方左腕,同时右脚顺势进步,屈右肘成立肘,肘尖位于乙方背部,随即右膝内扣,肘关节下压发力,将乙方折倒(图 5 - 95、图 5 - 96)。

图 5 - 94　　　　　　　　　图 5 - 95　　　　　　　　　图 5 - 96

动作要点:①保持右肘与右膝逆向对折相合。②上下同时用劲。

2. 肘法二

上步搭手拗步压肘动作要领:接搭手势,甲方右手从乙方左手上外引拨开,甲方左手控制住乙方右臂下压,同时左脚顺势进步,屈右肘,肘尖位于乙方颈部,成立肘,随即左膝内扣,同时肘关节下压发力,将乙方折倒[图 5 - 97(上步搭手)、图 5 - 98(绕臂缠手)、图 5 - 99(背面绕臂缠手)、图 5 - 100(拗步压肘)]。

图 5 - 97

图 5 - 98

图 5 - 99

图 5 - 100

动作要点：①保持右肘与左脚逆向对折相合。②上下同时用劲。

3.肘法三

上步搭手进步压肘动作要领：接搭手势，甲方左手从乙方右手上外引拨开，同时右脚顺势进步，屈右肘，肘尖位于乙方背部，成立肘，随即右膝内扣，同时肘关节下压发力，将乙方折倒[图 5 - 101(上步搭手)、图 5 - 102(后坐引臂)、图 5 - 103(进步屈肘)、图 5 - 104(扣膝压肘)、图 5 - 105(扣膝压肘)]。

图 5 - 101

图 5 - 102

图 5 - 103

图 5 - 104　　　　　　　　　　　图 5 - 105

　　动作要点:①上步时,身体重心前移稳定在支撑面内,保持含胸屈肘。②甲方上肢尽量贴近乙方并封住乙方肘部,防止其屈肘进攻。③肘击时,力量起于脚,发于腿,主宰在腰力量传递到肘部发力。

（八）靠法

　　靠在肩胸,是使用肩、胸、背、胯贴身时靠撞对方的进攻技法(图 5 - 106)。

图 5 - 106

　　要点:身法端正,裆劲下沉。

1. 靠法一

　　上步搭手进步前靠动作要领:接搭手势,甲方右手向外、向下采乙方右手下落,左手顺势推乙方右肩;同时,进右步在乙方两脚之间,用右肩直接撞击乙方右肩或者胸部[图 5 - 107(上步搭手)、图 5 - 108(后坐引臂)、图 5 - 109(进步前靠)]。

图 5 - 107　　　　　　　　　图 5 - 108　　　　　　　　　图 5 - 109

动作要点：①向右下采时，身体重心要稳定在支撑面内，注意含胸蓄劲发力。②左手封住乙方肘部防止其屈肘进攻。③靠击时，力量起于脚，发于腿，主宰在腰力量传递到肩部形成靠劲向对方发力。

2.靠法二

上步搭手挂臂前靠动作要领：上步搭手，甲方左手从下向上拨开乙方右臂，左手采抓乙方右腕，右手顺势采抓乙方左腕；同时，上右脚并踏在乙方两脚之间，用右肩直接靠击乙方胸中线，将对方向前靠出［图 5 - 110（上步搭手）、图 5 - 111（后坐引手）、图 5 - 112（挂臂分手）、图 5 - 113（采臂进步）、图 5 - 114（弓步前靠）］。

图 5 - 110　　　　　　　　　图 5 - 111　　　　　　　　　图 5 - 112

（a）正面　　　　　　　　　（b）侧面

图 5 - 113　　　　　　　　　　　　　　　图 5 - 114

动作要点：①甲方左手向外采抓时应随身体转动，手臂与躯干协调一致，上下相随。②两腋虚空约一拳距离，不要紧贴躯干，做到沉肩坠肘，含胸拔背，转化自如。

3. 靠法三

上步搭手拗步前靠动作要领:接搭手势,甲方顺势下落采抓乙方左手腕,左手臂贴住乙方右手臂,向乙方左臂滑动并顺势采住乙方小臂,向乙方右侧拉动,使对手成反身状态,同时,甲方上左脚于乙方右脚外侧,随后用右肩靠向乙方左肩发力靠击[图5-115(上步搭手)、图5-116(缠臂分手)、图5-117(缠臂分手)、图5-118(进步采臂)、图5-119(弓步前靠)]。

图5-115　　　　　　　　　图5-116　　　　　　　　　图5-117

　　　　　　　　　　　　　　　　　(a)正面　　　　　　　(b)背面

图5-118　　　　　　　　　　　　　图5-119

动作要点:①上下配合,重心转换分清楚虚实腿。②上步过程中,脚跟先着地而后重心移至前脚,膝关节向前不超脚尖,避免失重。③上步靠肩时注意利用对方的力,采取引进落空合即出的策略,达到借力打力的技击效果。

四、太极推手盘手方法

太极推手盘手方法有单推手(平圆、立圆、折叠单推手)、双推手、四正手、四隅手。其学习过程要由易到难,由简到繁。练习时,动作要求圆活,两臂切勿僵硬,其总体要求是能化能发,化劲松柔,放劲干脆。

(一)平圆单推手

1. 预备姿势

甲、乙双方面对并步站立,间隔距离以双臂握拳前平举为准,两眼平视对方;低发马尾辫者为甲,高发马尾辫者为乙(图5-120)。

动作要点:头部正直,下颌微收。身体各部位力求做到自然、放松、中正。

2.平圆单推手搭手姿势

甲、乙两人左脚各左转约45°,右脚向前迈出一步,两脚内侧相对,两人右脚间距10～20厘米。然后双方右臂前伸,右手背手腕交叉相搭,左手掌按于身体左大腿外侧,两腿微屈,重心落于两腿之间,成右掤搭手姿势(图5-121)。

动作要点:搭手后,双方应各含掤劲,既不可过于用力,也不可软弱无力,做到不丢不顶。

图 5-120　　　　　　　　　　　图 5-121

3.平圆单推手方法

甲右掌内旋贴乙前臂向乙胸前推掌,同时重心前移右腿前弓;乙趁甲来劲重心后移松腰坐髋(图5-122),乙用掤劲沾黏甲右腕上体随之向右后转动引带,使甲掌不触胸部而落空(图5-123)。

动作要点:乙右臂引带时要做到不丢不顶,快速右转身化解甲前推劲。

图 5-122　　　　　　　　　　　图 5-123

乙右掌内旋贴甲前臂向甲胸前推掌,同时重心前移右腿前弓;甲趁乙来劲重心后移松腰坐髋(图5-124),甲用掤劲沾黏乙右腕上体随之向右后转动引带,使乙掌不触胸部而空落(图5-125)。

图 5－124　　　　　　　　　　　　　图 5－125

动作要点：前推掌时，重心不可移之过前，化时应转腰缩髋。重心后移不可后仰，甲、乙两手不丢不顶做到沾连黏随。练习时，可循环往复，交替练习，双方推手路线呈水平圆。

（二）立圆单推手

1. 动作要领

甲、乙双方呈右掤搭手姿势，动作同平圆单推手搭手姿势（图 5－126）。

2. 立圆单推手方法

甲右掌内旋贴乙前臂向乙面部推手，重心前移右腿前弓；乙右臂用掤劲沾黏甲右腕，顺甲来劲上体右转并顺势向右上方引带甲来劲，重心后移松腰坐髋（图 5－127），乙右掌内旋贴甲右前臂向下按甲臂至右胯旁，使甲掌不触及面部而落空（图 5－128）。

图 5－126　　　　　　　图 5－127　　　　　　　图 5－128

乙右掌心贴甲右手臂向甲右肋部推掌，同时重心前移右腿前弓，甲重心后移松腰坐髋（图 5－129），甲趁乙来劲上体右转，右臂向右侧上引带乙右掌，使乙掌不触肋部而落空，此为立圆推手一圈（图 5－130）。

图 5－129　　　　　　　　　　　　图 5－130

　　动作要点：前推时，重心不可移之过前，化劲时应转腰缩胯，重心后移时身体不可后仰，甲、乙两手不丢不顶做到沾连黏随。练习时，双方推手路线呈立圆循环往复交替练习。

　　（三）折叠单推手

　　1.预备姿势

　　甲、乙双方呈右掤手姿势，动作同平圆单推手搭手姿势（图5-131）。

　　2.折叠单推手方法

　　甲右掌内旋贴乙前臂向乙右肋部推掌，同时重心前移右腿前弓；乙右手用掤劲沾黏甲右腕顺势右手外翻手背下压甲手腕，同时重心后移松腰坐胯（图5-132），乙趁甲来劲上体右转，向右下方引带甲臂，使甲掌不触肋部而落空（图5-133）。

　　　　图5-131　　　　　　　　　　图5-132　　　　　　　　　　图5-133

　　乙右手上提至耳侧上方，甲右手贴乙右手腕部随之上提（图5-134）。乙右手内旋翻转掌心贴甲前臂上并向甲右肋部前推按掌，同时重心前移右腿前弓；甲重心后移松腰坐胯，上体右转，右手外翻手背下压乙手腕上并顺势向右下方引带乙右臂，使乙掌不触肋部而落空（图5-135）。甲右手上提至耳侧上方，乙右手贴甲右手腕部随之上提（图5-136）。

　　　　图5-134　　　　　　　　　　图5-135　　　　　　　　　　图5-136

　　动作要求：前推时，重心不可移之过前，引化时应转腰缩胯，重心后移时上体不可后仰，两手不丢不顶，做到沾连黏随。

　　练习：双方推手路线走立圆8字线，左右手循环往复交替练习。

　　（四）平圆双推手

　　1.预备姿势

　　甲、乙双方呈右掤搭手姿势，左手抚于对方右肘部（图5-137）。

2.平圆双推手方法

甲右掌内旋贴乙右手腕,左手贴乙肘部向乙胸部推掌,同时重心前移右腿前弓;乙重心后移松腰坐髋,承接甲掤劲(图5-138);乙左手抚贴甲左肘部,上体向右转,右臂顺势向右后方引带甲来劲,使甲掌不触及胸部而落空(图5-139)。

图5-137　　　　　　　　　　　图5-138　　　　　　　　　　　图5-139

乙左手在甲肘部,右手内旋掌心贴甲右手腕部并向甲胸部推掌,同时重心前移右腿前弓;甲右手趁甲来劲,用掤劲黏甲右腕,同时重心后移松腰坐髋(图5-140);甲左手抚贴乙左肘部,上体右转顺势向右后方引带乙手臂,使乙掌不能触及胸部而落空(图5-141)。

图5-140　　　　　　　　　　　图5-141

动作要点:推时向前用力,引化时向下向右后引借,前推时用力不要过猛,以防失去重心被对方牵制反攻。练习时,双手顺势向一个方向转动,推手路线走平圆,左右手循环往复交替练习。

(五)四正推手

四正推手是以掤、捋、挤、按4种技击方法编排的推手,是用来攻防应用的练习方法。通过练习四正推手,可以熟练掌握掤、捋、挤、按的应用和听劲、化劲、发劲的技能,为推手实战打下良好的基础。四正推手是甲捋、乙挤,甲按、乙掤循环往复的练习方法。甲、乙双方也可交换练习。四正推手既可定步推手,也可活步推手。

1.甲、乙双方右掤搭手姿势

甲、乙双方身体左转,带动左脚外摆约45°,右脚向前迈出一步,两脚内侧平行相对,两人右脚间距10～20厘米,甲、乙双方右臂前掤,手腕交叉相搭,左手扶贴于对方右肘部,两腿屈膝微蹲,重心落于后腿,成右掤搭手姿势(图5-142)。

2.甲捋,乙挤

甲左手扶贴于乙方右肘部,右手抓握乙右腕部并向右捋乙右手臂,同时重心后移松腰坐髋(图5-143);乙右臂掤劲,左手脱开甲右肘,掌背贴乙右小臂内侧横置于胸前,随甲捋劲顺势向甲胸部前挤,同时重心前移成右弓步(图5-144)。

图5-142　　　　　　　　图5-143　　　　　　　　图5-144

3.甲按,乙掤

乙随甲之捋势掤右小臂,使甲之两手被挤于胸前,甲随之重心后移。甲顺乙挤势,双手下按乙右小臂化解乙挤劲;乙同时身体后坐微右转,乙上体右转,两臂向右后引带化解甲之按劲,乙上体微左转同时上提左臂呈左掤手,右手抚贴于甲方右肘部;甲左腕背部贴乙左腕成左掤手姿势(图5-145、图5-146)。

图5-145　　　　　　　　图5-146

(六)四隅推手

四隅推手是指以采、挒、肘、靠4种技击方法编排的推手,其攻防方位为东南、东北、西北、西南四隅四个方位。

1.预备势

甲、乙双方搭手姿势:甲、乙双方身体左转,同时左脚外摆约45°,右脚向前迈一步,两人右脚平行相对,右脚间距10～20厘米。

2.甲、乙右掤搭手

甲、乙右臂前掤,两腕背部交叉相搭,左手扶贴于对方右肘部,两腿屈膝微蹲,重心落于后腿,呈右掤搭手(图5-147)。

3.甲采挒,乙肘靠(东南方向)

甲右脚向左后方撤一步(东南方向),右手向里内旋抓握(揽)乙右腕向右下方采乙左手,左手脱开乙之右肘。乙右脚向前进半步(东南方向),脚落于甲左脚里侧,左手脱开甲右肘随甲采势(图5-148)。

甲左脚向后退步(东南方向),同时右手继续揽乙右腕,左手置于乙右臂上。乙左脚向前上步,左脚落于甲右脚外侧,左掌心向上抬起(图5-149)。

图5-147　　　　　　　　　图5-148　　　　　　　　　图5-149

甲右脚继续向后退一步(东南方向),屈膝成半马步,右手揽乙右腕,左手捋乙右臂。乙顺甲捋势右脚向前上一步(东南方向),右脚落于甲左脚内侧弓膝成右弓步,右臂屈肘反掌向下,用肘顶肩靠解开甲之捋;同时,左手自右臂里侧扶于肘窝处,以助肘靠之势(图5-150)。

甲挥右掌对乙迎面一击,化解乙之肘靠(图5-151)。

乙重心后移,左手臂由里向外接甲之右腕,化解甲之迎面掌(图5-152)。

图5-150　　　　　　　　　图5-151　　　　　　　　　图5-152

4. 乙采捋,甲肘靠(东北方向)

乙右脚左前方横跨一步(东北方向),同时右手上提从甲右臂外侧抓握甲右腕。甲右脚随乙向东北方向横跨一步,落于乙右脚外侧(图5-153)。

图5-153

乙左脚继续向前上一步(东北方向),脚尖内扣,身体向右后转约180°;同时右手由外翻反抓握甲手腕,向右下采甲右腕,左手臂置甲右臂上。甲顺乙下采力,左脚向前上一步(图5-154)。

乙右脚向右撤一步(东北方向),屈膝下蹲成半马步;同时右手下采(揽)甲右腕,左手捌甲臂。同时,以左手抵甲之右臂,以助采势。甲顺势右脚向前上一步(东北方向),置于乙左脚前弓右膝,右臂屈肘反掌向下用肘顶肩靠乙,左手自右臂里侧扶于肘窝处(图5-155)。

图5-154　　　　　　　　　　图5-155

乙挥右掌对甲迎面击掌,化解甲之肘靠(图5-156)。

甲重心后移,左手臂由里向上接乙右腕,化解乙之迎面掌(图5-157)。

图5-156　　　　　　　　　　图5-157

5.甲采捌,乙肘靠(西北方向)

甲右脚向左侧方横跨一步(西北方向),同时右手上提从乙右臂外侧抓握乙右腕。乙右脚随甲向西北方向横跨一步,落于甲右脚外侧(图5-158)。

甲左脚继续向左侧横跨一步(西北方向),脚尖内扣,身体向右后转约180°;同时右手由里向外翻反抓握乙右腕,向右下采乙右腕。乙顺甲下采势,左脚向前上一步(图5-159)。

图5-158　　　　　　　　　　图5-159

甲右脚继续向西北方向撤一步,重心右移屈膝下蹲成半马步;右手继续下采(揽)乙右腕,同时左手捋乙上臂以助采势。乙顺甲采势右脚继续向前上一步(西北方向),置于甲左脚前弓右膝,右臂屈肘反掌向下用肘顶肩靠甲,左手自右臂里侧扶于肘窝处(图5-160)。

甲挥右掌对乙迎面击掌,化解乙之肘靠(图5-161)。

乙重心后移,左手臂由里向上接甲右腕,化解甲之迎面掌(图5-162)。

图5-160　　　　　　　　图5-161　　　　　　　　图5-162

6. 乙采捋,甲肘靠(西南方向)

乙右脚向左侧方横跨一步(西南方向),同时右手上提从甲右臂外侧抓握甲右腕。甲右脚向右横跨一步(西南方向),落于乙右脚外侧(图5-163)。

图5-163

乙左脚继续向右侧横跨一步(西南方向),脚尖内扣,身体向右后转约180°;同时右手由外翻反抓握甲手腕,向右下采甲右腕。甲顺乙下采势左脚向前上一步(图5-164)。

乙右脚继续向后撤一步(西南方向),重心右移屈膝下蹲成半马步;右手继续下采(揽)甲右腕,同时左手捋甲上臂以助采势。甲顺乙采势右脚继续向前上一步(西南方向),置于乙左脚前弓右膝,右臂屈肘反掌向下用肘顶肩靠乙,左手自右臂里侧扶于肘窝处(图5-165)。

图 5 - 164　　　　　　　　　　　　图 5 - 165

(七)合步双推手

合步双推手是两人在行进间一边走步一边做四正推手,前进、后退,左顾、右盼,手脚并用。在定步推手练至腰腿都可以沾连黏随,身法步法都能和顺自然、随机应变、无丝毫拙力后,才能进一步练活步推手,使全身上下一致,在上步或退步时能化劲发劲。

1.进三退三四正推手

合步双推手上肢手法为四正手,步法为进三步、退三步。甲、乙右脚在前,合步双搭掤手,甲退步乙进步。甲收提起后脚(左脚)仍下落原地,乙同时收提前脚(右脚)后仍下落原地,甲向后退右步的同时乙上左步,甲继续退左步的同时乙上右步,乙退三步,甲进三步。此外,也可连续进步、连续退步,循环往复练习。

2.套步推手

甲、乙右脚在前,合步双搭掤手,甲退步乙进步。乙右脚向甲右脚内侧进步,同时甲右脚向后退步;接着乙左脚向前上步落于甲右脚外侧,同时甲左脚向后退一步,接着乙左脚向前上步落于甲左脚内侧,同时甲右脚向后退一步;然后转为甲进三步乙退三步。

3.大捋(四隅推手)

大捋因有步法的配合,捋的幅度较定步推手中的捋的幅度要大,所以称为大捋;又由于大捋步法的方向是朝着四个斜角方向走的(东北、东南、西南、西北四隅),因此又称之为四隅推手法。同时,它的主要动作是捋和靠,在每个循环中,两人合计有四个捋和四个靠。

动作要点:①上下配合,重心转换分清楚虚实腿。②上步过程中,脚跟先着地而后重心移至前脚,膝关节向前不超脚尖,避免失重。③上步靠肩注意利用对方的力,采取引进落空合即出的策略,达到借力打力技击效果。

第三节　太极推手规则

一、通则

(一)竞赛性质

(1)个人赛。

(2)团体赛。

(二)竞赛办法

(1)循环赛:单循环、分组循环。

(2)淘汰赛:单败淘汰、双败淘汰。

(三)年龄分组与资格审查

(1)成年组运动员的参赛年龄限在 19 至 45 周岁,青年组运动员的参赛年龄限在 15 至 18 周岁。

(2)参赛运动员必须携带身份证。

(3)运动员必须提供参加该次比赛的人身保险证明。

(4)运动员必须出示报到之日前 15 天内,由县级以上医院出具的包括脑电图、心电图、血压、脉搏等指标在内的体格检查证明。

(四)体重分级

(1)48 公斤级(体重≤48kg)。

(2)52 公斤级(48 kg<体重≤52 kg)。

(3)56 公斤级(52 kg<体重≤56 kg)。

(4)60 公斤级(56 kg<体重≤60 kg)。

(5)65 公斤级(60 kg<体重≤65 kg)。

(6)70 公斤级(65 kg<体重≤70 kg)。

(7)75 公斤级(70 kg<体重≤75 kg)。

(8)80 公斤级(75 kg<体重≤80 kg)。

(9)85 公斤级(80 kg<体重≤85 kg)。

(10)85 公斤级以上(体重>85 kg)。

(五)称量体重

(1)称量体重在抽签前进行。

(2)运动员经资格审查合格后方可参加称量体重,并且必须携带身份证。

(3)必须在仲裁委员的监督下称量体重,由检录长负责,编排记录员配合完成。

(4)运动员必须按照大会规定的时间到指定地点称量体重。称量体重时只穿短裤(女子运动员可穿紧身内衣)。

(5)称量体重先从比赛设定的最小级别开始,每个级别在 30 分钟内称完。如体重不符,在规定的称量时间内达不到报名级别时,则不准参加后面所有场次的比赛。

(六)抽签

(1)称量体重后进行抽签,由比赛设定的最小级别开始。如该级别只有 1 人,则不能参加比赛。

(2)由编排记录组负责抽签,由仲裁委员会主任或委员、副总裁判长及参赛队的教练或领队参加。

(七)竞赛时间

每场比赛分为两局,每局净推 2 分钟,局间双方运动员交换场地继续比赛。

(八)竞赛信号

(1)比赛前 10 秒钟,记时员鸣哨通告准备;每局比赛至 2 分钟,计时员鸣锣宣告该局比赛结束。

(2)场上裁判员用口令和手势裁定比赛。

(九)弃权

(1)比赛期间,运动员因伤病不宜参加比赛时,须有大会医生证明,作弃权论。

(2)三次检录未到,或检录后自行离开者作弃权论。

(3)比赛中,运动员可举手要求弃权;教练员也可向场上裁判员扔白毛巾要求弃权;运动员自己终止比赛,作弃权论。

(4)比赛期间,运动员无故弃权,取消本人全部成绩。

(十)竞赛礼仪

(1)"入场":裁判员入场,站在场地中点后方,面向裁判长席。介绍裁判员时,裁判员应该成立正姿势向观众行抱拳礼。

(2)运动员进场后,站在场上裁判员两侧,面向裁判长。介绍运动员时,被介绍者应成立正姿势向观众行抱拳礼。

(3)在双方运动员介绍结束后,运动员互行抱拳礼,再与场上裁判员互行抱拳礼。

(4)每场比赛结束时,运动员在场上裁判员宣布比赛结果后,先向裁判员行抱拳礼,然后相互行抱拳礼,再转身向对方教练员行抱拳礼,方可退场。

(十一)竞赛服装

运动员必须着中国武术协会指定的太极拳推手专业竞赛服装参加比赛。

(十二)竞赛相关规定

(1)运动员必须遵守比赛规则,认真进行比赛,严禁故意伤人。

(2)教练员和本队医生应坐在指定位置,比赛时不得在场下大声喧哗、呼喊。

(3)比赛时运动员不得要求暂停,如遇特殊情况,需向场上裁判员举手示意。

(4)运动员不可留长指甲、不可戴腕表和易伤及对方的物品上场比赛。

二、裁判人员及其职责

(一)裁判人员的组成

1.执行裁判

(1)总裁判长 1 人,副总裁判长 1～2 人。

(2)裁判长、副裁判长各 1 人。

(3)场上裁判员 1 人,边裁判员 3～5 人。

(4)记录员、计时员各 1 人。

(5)编排记录长 1 人。

(6)检录长 1 人。

2.辅助裁判

(1)编排记录员 2～3 人。

(2)检录员 2～3 人。

(3)宣告员 1～2 人。

(4)医务人员 2～3 人。

(5)电子计分系统操作员 1～2 人。

(二)裁判人员的职责

1.总裁判长

(1)组织裁判员学习竞赛规则、规程,讲解裁判法。

(2)负责裁判组的分工。

(3)根据竞赛规程和规则的精神,解决竞赛中的有关问题,但无权修改竞赛规则和规程。

(4)比赛中指导裁判组的工作,有权调动裁判员的工作。在裁判工作有争议时,有权作出最后决定。

(5)赛前组织裁判长检查落实场地、器材和有关裁判用具。

2.副总裁判长

协助总裁判长工作,总裁判长缺席时可代行其职责。

3.裁判长

(1)负责本组裁判员的学习和工作安排。

(2)比赛中监督和指导裁判员、计时员、记录员的工作。

(3)场上裁判员有明显错判、漏判时,鸣哨提示其改正。

(4)边裁判员出现明显错判,宣布结果前征得总裁判长同意后可以改判。

(5)根据临场运动员的情况和记录员的记录,处理优势胜利、处罚、强制读秒等有关规定事宜。

(6)每场比赛结束后,宣布评判结果,决定胜负。

4.副裁判长

协助裁判长工作,根据需要可以兼任其他裁判员的工作。

5.场上裁判员

(1)对临场运动员进行安全检查,如发现有与规则不符者,应及时纠正,保障比赛安全进行。

(2)用口令和手势指挥运动员进行比赛。

(3)判定运动员倒地、下台、犯规、消极、强制读秒、临场治疗等有关事宜。

(4)宣布每场比赛结果。

6.边裁判员

(1)根据规则判定场上运动员合手展示得分。

(2)根据规则判定运动员的得分。

(3)每场比赛结束后,根据裁判长信号,同时、迅速显示评判结果。

(4)每场比赛结束后,在计分表上签名并保存,以备检查核实。

7.记录员

(1)赛前认真将有关信息填入记录表。

(2)参加称量体重的工作,并将每名运动员的体重填入每场比赛的记录表。

(3)根据场上裁判员的口令和手势,记录运动员被警告、劝告、强制读秒、下台的次数。

(4)记录边裁判员每场的评判结果,确定胜负后报告裁判长。

8.计时员

(1)赛前检查铜锣、计时器,核准秒表。

(2)负责比赛、暂停、读秒的计时。

(3)每局比赛前 10 秒钟鸣哨通告。

(4)每局比赛结束鸣锣通告。

(5)无电子计分系统的情况下,每局比赛结束时,宣读边裁判员的评判结果。

9.编排记录长

(1)负责运动员资格审查,审核报名表。

(2)负责组织抽签,编排每场比赛秩序表。

(3)预备竞赛中所需要的各种表格;审查核实成绩及录取名次。

(4)登记和公布每场比赛成绩。

(5)统计和收集有关资料,汇编成绩册。

10.编排记录员

根据编排记录长分配的任务进行工作。

11.检录长

(1)负责称量运动员的体重。

(2)负责竞赛服装的检查和管理。

(3)赛前 30 分钟负责召集运动员检录。

(4)检录时,如出现运动员不到或弃权等问题,及时报告裁判长。

(5)按照规则的要求,检查运动员的服装和指甲、饰品。

12.检录员

根据检录长分配的任务进行工作。

13.宣告员

(1)简要介绍竞赛规程、规则和有关的宣传材料。

(2)介绍临场裁判员、运动员。

(3)宣告评判结果。

14.医务人员

(1)审核运动员的《体格检查表》。

(2)负责赛前对运动员进行体检抽查。

(3)负责临场伤病的治疗与处理。

(4)负责因犯规造成运动员受伤情况的鉴定。

(5)负责竞赛中的医务监督,对因伤病不宜参加比赛者,应及时向裁判长提出其停赛建议。

(6)配合兴奋剂检测人员检查运动员是否使用违禁药物。

15.电子计分系统操作员

负责与电子计分系统操作相关的工作。

三、仲裁委员会及其职责与申诉

(一)仲裁委员会的组成

仲裁委员会由主任、副主任、委员 3 人或 5 人组成。

(二)仲裁委员会的职责

(1)仲裁委员会在大会的领导下进行工作,主要受理参赛队对裁判员有关违反竞赛规程、规则的判决结果有不同意见的申诉。

(2)受理参赛队对裁判执行竞赛规程、规则的判决结果有异议的申诉,但只限对本队判决的申诉。

(3)接到申诉后,应立即进行处理,不得延误其他场次的比赛、名次的评定及发奖。裁决出来后,应及时通知有关参赛队。

(4)根据申诉材料提出的情况,必要时可以复审录像,进行调查。召开仲裁委员会讨论研究。开会时可以邀请有关人员列席参加,但无表决权。仲裁委员会出席人数必须超过半数以上做出的决定方为有效。表决结果相等时,仲裁委员会主任有终裁权。

(5)对申诉提出的问题,经过严肃认真复审,确认原判无误,则维持原判;如确认原判有明显错误,仲裁委员会提请中国武术协会对错判的裁判员按有关规定处理,但不改变评判结果,仲裁委员会的裁决为最终裁决。

(三)申诉程序及要求

(1)运动队如果对裁判组的裁决结果有异议,必须在该运动员比赛结束后 15 分钟内,由本队领队或教练向仲裁委员会提出书面申诉,同时交付 1000 元的申诉费。如申诉正确,退回申诉费;申诉不正确的,维持原判,申诉费不退。

(2)各队必须服从仲裁委员会的最终裁决。如果无理纠缠,根据情节轻重,可以建议竞赛监督委员会、组委会给予严肃处理。

四、竞赛监督委员会及其职责

(1)监督仲裁委员会的工作。对于不能正确履行仲裁委员会职责,判决运动队的申诉不公正,有违反《仲裁委员会条例》的人员,视情节轻重,给予批评、教育、撤换乃至停止工作的处分。

(2)监督裁判人员的工作。对于不能正确履行自己的职责,不能严肃、认真、公正、准确地进行裁判,有明显违反规程、规则的行为者,有明显错判、漏判、反判的行为者,接受运动队贿赂,以不正当的手段偏袒运动员者,视情节轻重,给予批评、教育、撤换、停止工作,乃至建议对其实施降级或撤销其裁判等级的处分。

(3)监督参赛单位各领队、教练、运动员的行为。对于不遵守《赛区工作条例》《运动员守则》,不遵守竞赛规程、规则及赛场纪律,对参赛队行贿,运动员之间搞交易、打假赛等有关违纪人员,视情节轻重,给予批评、教育、通报、取消比赛成绩、取消比赛资格等处分。

(4)竞赛监督委员会听取领队、教练、运动员、仲裁人员、裁判人员对竞赛过程中的各种反映及意见,保证竞赛公正、准确、圆满、顺利地进行。

(5)竞赛监督委员会不直接参与仲裁委员会、裁判人员职责范围内的工作,不干涉仲裁委员会、裁判人员正确履行自己的职责,不介入判决结果的纠纷,不改变裁判组的裁决结果和仲裁委员会的裁决结果。

五、技法要求、得分标准与判罚

(一)竞赛法则

(1)必须采用"掤、捋、挤、按、采、挒、肘、靠"的方法元素(简称八法),以及相应的步法。

(2)必须贯彻"沾连黏随""刚柔相济"的原则。

(3)必须在盘手(四正手)状态下完成进攻动作。

(二)竞赛方法

1.太极拳推手技术演示——合手展示

(1)双方运动员上场后,首先进行太极拳推手基本技术展示,称为合手展示。

(2)运动员以太极推手的基本技术:合步四正手、顺步四正手、大捋、缠臂、单推手、双推手等技法,配合相应的步法,编排30秒钟的组合动作参加考核。

(3)前30秒钟白方运动员领手,黑方运动员跟随;后30秒钟黑方运动员领手,白方运动员跟随。

(4)合手展示结束后,双方运动员站在场地两侧,等待裁判员公示得分。

2.太极拳推手实战比赛

(1)当场上裁判员发出"预备"口令时,双方运动员起势、上步成合步搭手势。第一局白方领手,第二局黑方领手。

(2)第一局开始时,双方右脚在前,互搭右手;第二局互换场地后,双方左脚在前,互搭左手。

(3)每局开始时,双方运动员前脚踩于中心圈内,合步搭手,当场上裁判员发出开始信号后,比赛开始。

(4)每局开始时,场上裁判须提示白方或黑方领手,运动员必须盘手两圈以上,方可进攻对方;场上裁判喊停时,双方搭手必须盘手一圈以上,方可进攻;比赛过程中运动员须在盘手状态中进攻对方。

(5)比赛过程中,双方脱手,场上裁判未喊停的情况下,双方搭手,可直接进攻。

(6)比赛结束后,在场上裁判的指示下,运动员站在裁判员两侧等待宣布比赛结果。

(三)攻击部位

颈部以下,耻骨以上之躯干和手臂部位。

(四)禁击部位

(1)颈部及颈部以上部位。

(2)耻骨及耻骨以下部位。

(五)得分

1.优势胜利

(1)比赛中因对方犯规造成受伤,经医生检查不能继续比赛者,判受伤者获胜。

(2)比赛中因受伤(除因对方犯规而致的受伤外)不能坚持比赛者,判对方获胜。

(3)比赛中运动员或教练员要求弃权时,判对方获胜。

(4)双方运动员分差达到15分时,判得分高者优势获胜。

(5)一场比赛中,同一运动员被强制读秒两次,则终止比赛,判对方获胜。

2.得 3 分

一方倒地(由于身体失去平衡造成的,在支撑动作正常状态所需的肢体以外的身体任何一个部位触地),对方站立者得 3 分。

3.得 2 分

(1)一方踩踏或出外圈者,对方得 2 分。

(2)一方被强制读秒一次,对方得 2 分。

(3)一方受警告一次,对方得 2 分。

(4)凡出现"侵人犯规"中的第(7)条者,给予警告,对方得 2 分。

4.得 1 分

(1)基本技术展示结束后,由场上边裁判员判定得分方,得 1 分。

(2)凡出现"侵人犯规"中的(1)~(6)条之一者,给予劝告,对方得 1 分。

(3)凡出现"技术犯规"之一者,给予劝告,对方得 1 分。

(4)一方前脚出中心圈,对方得 1 分。

(5)一方脚踩踏或出内圈者,对方得 1 分。

(6)一方后脚踩踏或过中心线者,对方得 1 分。

(7)因消极被指定进攻,8 秒钟内仍不进攻,对方得 1 分。

5.不得分

(1)双方同时出圈或倒地。

(2)无效进攻。

(3)凡不使用"八法"技术元素进攻对方者。

(4)不在盘手状态下进攻者。

(六)犯规

1.侵人犯规

(1)使用硬拉、硬拖、搂抱,或用脚勾、踏、绊、跪者。

(2)故意造成对方犯规者。

(3)脱手发力击、撞者。

(4)抓握对方衣服或死握对方者。

(5)在口令"开始"前或喊"停"后进攻对方者。

(6)用手攻击对方耻骨及耻骨以下部位者。

(7)使用拳打、头撞、撅臂、擒拿、抓头发、点穴、肘尖顶、捞裆、扫腿、膝撞、扼喉等动作者。

2.技术犯规

(1)盘手未过规定圈数,抢先进攻者。

(2)盘手中故意用力阻碍对方盘手者。

(3)比赛中对裁判员不礼貌或不服从裁判者。

(4)处于不利状况时举手要求暂停者。

(5)比赛中场外进行指导。

3.罚则

(1)出现"侵人犯规"(1)～(6)条之一,每犯规一次,判劝告一次。

(2)出现"侵人犯规"第(7)条,每犯规一次,判警告一次。

(3)技术犯规一次,判劝告一次。

(4)一场比赛中,同一运动员被警告两次或者被罚分达 8 分者,则终止比赛,判对方获胜。

(5)比赛中凡不会以规范的手法和相应的步型盘手者,取消其比赛资格。

(6)运动员故意伤人者,取消比赛资格。

(七)评定名次

(1)比赛结束后,依据边裁判员的判罚结果,判定每场比赛胜负。

(2)出现平局时,按下列原则处理:

①体重轻者为胜方;

②如仍相等,以警告少者为胜方;

③如仍相等,以劝告少者为胜方;

④进行加时赛,先得分者为胜方。

(八)技术规范

(1)基本技术展示:动作熟练、柔和,能够协调地配合对方完成动作。

(2)搭手:双方腕部接触,前臂呈弧形,触点在双方中线,腕部与下颌齐高;另一手附于对方肘部。

(3)四正手盘手。

①掤、捋:一方做掤势,另一方做捋势。

②挤、按:一方做挤势,另一方做按势。

(4)发放:必须在手接触到对方后发力。

六、裁判员的口令和手势

有关竞赛礼节与一般判罚的口令和手势如下。

(1)抱拳礼:双腿并步站立,左掌右拳胸前相抱,高与胸齐,拳与胸之间的间隔为 20～30 厘米 。

(2)比赛进场:裁判员首先进场,场上裁判员站在场地中心,两掌心向上直臂指向双方运动员,在发出"运动员进场"口令的同时,两手屈臂上举,掌心朝内。

(3) 预备—开始:场上裁判员站在双方运动员中间,两臂伸直仰掌指向双方运动员,发出"预备"口令,随即向内合掌并下按,同时发出"开始"口令。

(4)每局开始:向前右弓步,右手向前伸出食指为第一局,伸出食指和中指为第二局。

(5)交换场地:两腿并拢直立,两臂伸直掌心向内,于体前下方交叉。

(6)"停":场上裁判员一臂伸向运动员中间,同时发出"停"的口令,比赛即为暂停。

(7)一方倒地:场上裁判员一臂指向先倒地一方,在发出"某方倒地"口令的同时,另一臂在体前下按,掌心朝下。

(8)倒地在先:场上裁判员一臂指向先倒地一方,掌心朝下,在发出"某方倒地在先"口令的同时,两臂在体前交叉,掌心朝下。

(9)同时倒地:场上裁判员两臂在体前平伸,掌心向下,在发出"同时倒地"口令的同时,两掌下按,掌心朝下。

(10)同时出圈:场上裁判员两臂屈于体前,掌心朝前,指尖朝上,在发出"同时出圈"口令的同时,两掌向前平推。

(11)一方出圈:场上裁判员一臂伸向运动员,掌心朝上,在发出"某方出圈"口令的同时,另一臂屈于体前,掌心朝前,指尖朝上,向前推出。

(12)指定进攻:场上裁判员在发出"双方进攻"口令时,两手拇指伸直,其余四指握拳,拳心朝下。同时,手臂向内摆动,两拇指在体前相对。如指定一方进攻时,则用一手拇指指向被进攻一方。

(13)强制读秒:面对运动员,两拳屈臂于体前,拳心向前,从一手拇指至小指依次张开,间隔 1 秒。

(14)获胜:场上裁判员站在两名运动员中间,一手握获胜运动员手腕上举。

(15)无效:两臂体前交叉摆动,掌心向后。

(16)取消资格:仰掌指向被取消资格一方,然后两手握拳,两前臂交叉于胸前,拳心向下。

(17)警告:一臂伸直仰掌指向犯规一方运动员,在示出犯规现象后,另一臂屈臂 90°握拳上举于体前,拳心向后。

(18)劝告:一臂伸直仰掌指向犯规一方运动员,在示出犯规现象后,另一臂屈臂 90°立掌上举于体前,掌心向后。

(19)急救:面对大会医务席,两手立掌,两手臂在胸前交叉成"十"字形。

七、服装与场地

(一)服装款式与规格要求

服装与规格要求如下(图 5 - 166、图 5 - 167):

(a)　　　　(b)　　　　(a)　　　　(b)

图 5 - 166　　　　　　图 5 - 167

(二)比赛场地

推手擂台具体要求如下(图 5 - 168):

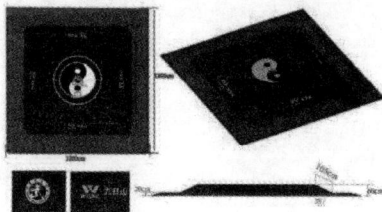

图 5 - 168

(1)中心圈直径:60 cm。

(2)蓝色毯面边长：900 cm。

(3)擂台底座高：20 cm。

(4)内圈直径：300 cm。

(5)整块毯面边长：1200 cm。

(6)整体台高：60 cm。

(7)外圈直径：400 cm。

(8)毯面坡度：25°。

第六章　其他搏击运动简介

世界主流格斗术按地域特征可划分为东方格斗术、西方格斗术和俄罗斯格斗术。世界武搏会是一项新式的综合性体育比赛,由世界体育总会创办,每四年举办一次,比赛项目由世界体育总会认定的武术和格斗类体育项目组成。2010 年,首届世界武搏会在北京举行,此次世界武搏会第一次把世界不同派别的武搏运动汇聚一堂,共有武术、合气道、拳击、柔道、柔术、空手道、剑道、搏击、泰拳、桑搏、相扑、跆拳道、摔跤共计 13 个比赛项目。

第一节　柔道

一、柔道的发展概述

柔道即两个人徒手、身体直接接触的对抗性项目,以摔技为主,单项技术复杂全面,战术灵活多变,对运动员的身体素质和体能要求很高。

柔道的产生是中国武术文化的传播、日本本土文化的积淀、中日武术文化交流三个因素共同作用的结果。嘉纳治五郎在 19 世纪 80 年代改柔术为柔道,1964 年,东京奥运会男子柔道项目首次列入正式比赛项目。1968 年,墨西哥奥运会上,柔道项目被取消。1972 年,慕尼黑奥运会时,男子柔道再次成为正式比赛项目。1992 年,巴塞罗那奥运会上,女子柔道项目正式成为奥运会比赛项目。柔道在奥运会中的比赛项目为男、女各 7 项。

我国开展柔道运动始于 20 世纪晚期,最早由日本教练川溪秀先生于 1979 年传入我国。1983 年,国家体委正式组建了国家女子柔道队。

二、柔道的搏击理念

(一)体育

柔道可以强身健体,使人远离疾病,行动轻巧自如。柔道可以促进人们身高体格的正常发育和身体素质的整体提高,增加肌肉力量和忍耐力,提高自身的灵敏度和平衡性,加强内脏器官的功能,让身体获得协调发展,使人身体强壮、反应灵敏、动作敏捷,可以自如地完成自己所希望的身体活动。嘉纳治五郎为了降低人们练习柔道的危险性,发挥柔道的体育作用,去除了柔道动作中的"当身技",让人们能更安全地练习柔道,发挥其作用。

(二)胜负

嘉纳治五郎认为柔道攻防技巧的练习可以让人们了解其中的原理,即在比赛中懂得如何赢得胜利和保护自己,达到一种能攻能守的程度。当人们在面对人生中不同境遇的时候,都要像练习柔道一样,攻能胜,防能守,面对各种挫折都能充满自信,积极应对。

(三)修心

刻苦的柔道练习能达到"培养品德""锻炼智力""将比赛胜负的原理应用于社会"这三个精神修养方面的目的,即在艰苦的柔道练习中,学会忍耐、克制、尊重、勇敢、礼貌、宽容、公正等优秀品质；在相互攻守的过程中，努力提高练习者的想象力、注意力、观察力等能力；在体育锻炼中培养品德，锻炼智力，最后能将比赛的胜负理论运用于社会。

三、柔道的技术特征

(一)技术分类

日本传统柔道技术分类方法，如图 6-1 所示。

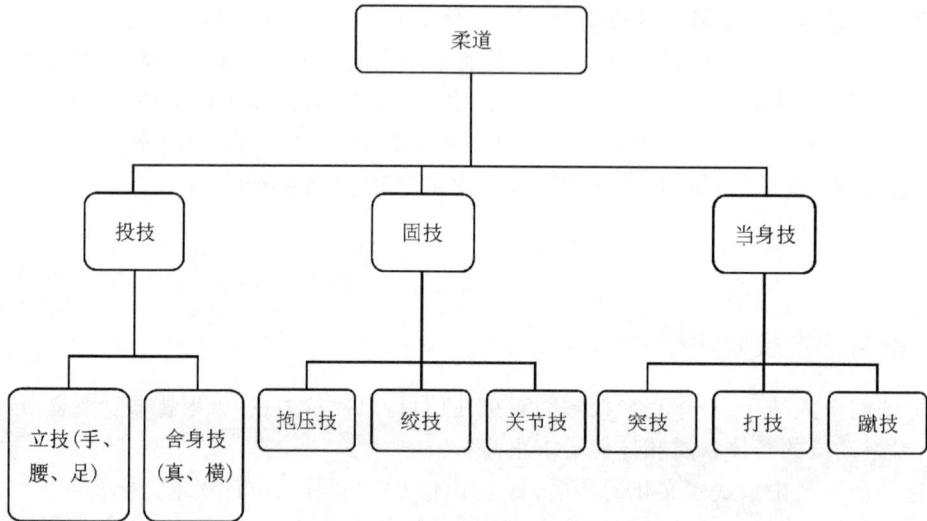

图 6-1　日本传统柔道技术分类

(二)柔道特点分析

柔道运动员的培养要从基础向成熟，需掌握各项理论知识及实战技巧，培养成熟需 6～12 年。相关数据调查表明，柔道项目损伤率排在奥运项目损伤率第三位，仅次于排球及棒球。在患病率方面，柔道运动患病率高达 70％，损伤率以 16～24 岁为多。

柔道技术的特点为：散（摔法为主）、快（进攻为主）、连（快速连贯、投寝结合）、变（攻防兼备、战术多变）、准（抓手、战机、技术动作）、狠（技术动作、一追到底）、能（力量、速度、耐力）。

四、柔道的竞赛规则

柔道的竞赛规则如表 6-1 所示。

表 6-1　柔道的竞赛规则

竞赛性质	个人、团体
竞赛办法	淘汰赛、复活赛
服装	柔道服
体重分级	男子：柔道男子 60 公斤以下级；66 公斤级；73 公斤级；81 公斤级；90 公斤级；100 公斤级；100 公斤以上级。 女子：柔道女子 48 公斤以下级；52 公斤级；57 公斤级；63 公斤级；70 公斤级；78 公斤级；78 公斤以上级

得分标准	一本、技有
禁击部位	裆部、颈部、后脑
比赛时间	男子、女子成年柔道比赛时间均为4分钟
技术得分	1.常规比赛时间（四分钟）内，运动员只能通过技术得分获胜（一本或一个技有）。 2.一次或两次指导处罚不能决定胜负，除非被处罚取消比赛资格（直接或者累计）。 3.处罚不视为得分。 4.指导处罚累积至第三次为取消比赛资格
金分加时	1.当双方运动员在常规比赛时间结束时，没有技术得分或者双方技术得分相同时，比赛将进入金分加时赛，常规比赛中的指导处罚不被作为胜负之因素。 2.常规比赛时间内，双方所有的得分和指导处罚，都将带入金分加时赛，并显示在计分板上。 3.金分加时赛中只能通过技术得分（技有或者一本）或处罚取消比赛资格（直接或累积）分出胜负。 4.处罚不视为得分。 只能通过"技有"或"一本"的技术得分或处罚犯规分出胜负（直接或者累积第三次指导处罚）
固技	技有：有效压制10～19秒； 一本：有效压制达到20秒
失去比赛资格	消极进攻、无效进攻、出界、犯规抓把等都会被处罚，3个处罚就会直接被罚下场，失去比赛资格
允许技术	投技、寝技（固技、关节技、绞技）
摔法允许技术	手技、足技、腰技
攻击部位	躯干、手臂、背部、肩部
得分标准	一本（4分）、技有（3分）
摔法得分标准	根据使用摔法时运动员力量、速度和对方背部着地状态判得不同分值
压技的时间	有效压制20秒得"一本"，有效压制10秒～19秒得"技有"

第二节　合气道

一、合气道的发展概述

　　合气道是一种以击打掐拿要害部位、抓筋拿脉、分筋错骨为主要手段，将打、摔、拿为一体，刚柔相济，阴阳相变，周身圆活，后发先制，以巧取胜的一种实用技术。

　　合气道的创始人是植芝盛平。作为神道虔诚信徒的植芝盛平，师从继承正统的"大东流合气道柔术"的武田惣角,又以"大东流合气柔术"为主,同时借鉴起倒流、柳生派、神阴流等诸多流派的技艺,锤炼本派武艺。他通过对人格的研究,加上精神性和求道性,开创出自己的新境界,完成了从"术"到"道"的飞跃。植芝盛平于1920年在京都的绫部开设"植芝塾"教导柔术,后移居东京开设"植芝拳馆",教授合气武术。1931年,植芝盛平建造了合气道总部,取名"皇武馆",并以"皇武馆"为中心,向全日本传播合气武术。1936年,植芝盛平把合气武术正式定名为"合气武道"。1940年,植芝盛平成立财团法人皇武会,后更名为财团法人合气会,并得到政府的认可。从此,作为日本武道之一的合气道正式创立了。

二、合气道的搏击理念

(一)技法科学,特点突出

合气道技法的特征在于切入对手死角,破坏对手重心,以关节技及摔技为主;不以蛮力攻击对方,而是将对方的力量引导至无威胁的方向,甚至吸收化为自己的力量而反击。

(二)具有技艺性和观赏性

合气道的理念不注重胜负,但礼仪贯穿始终,强调气、心、体的统一;与年龄、性别、体格无关,追求"制而不杀、后发制人"的防守武技、武道。

(三)爱的武术,以人为本

合气道的技法是由顺应自然规律的动作构成的,符合人体的运动规律,全面、均衡、和谐。

(四)生活至上,唯求实用

合气道重视人与人之间的融合(和睦)。通过连续的修习,能够强健体魄,培养人的耐力和集中力。同时,合气道能够培养优秀的人格。合气道修习的一个根本指导思想是,通过自身的锻炼获得精神上的"德"。

三、合气道的技术特征

合气道技法种类分为徒手、徒手对兵器、兵器对兵器和兵器对徒手四类。合气道的基本动作有17势(或称为17动)。其练习方式基本上是建立在这17个基本动作的选择和应用的基础上,在这些基本技术中可以演变出上千种动作。这17个基本动作可分为四大类,一是用于互动推击性的动作(攻击目标主要是对方的下颌和肩、颈部):正面推击、错身推、错身劈、推挤靠、向后拉按;二是主要用于肘关节的拧拿动作:拧臂压肘、反臂、拧臂将压肘、拧臂转肘、拧臂夹压肘;三是用于腕关节的拧拿动作:撅腕挤压、拧腕压肘、转身撅腕、转身拧腕;四是用于顺势快摔的动作:前摔、斜摔、撅摔。在练习中,先要熟练这17个基本动作,然后再任意选择17个基本动作中的几个动作进行组合练习;在与对手进行攻防练习时,应在动作熟练的基础上,能够随机应变,抓住时机,以巧技取胜对手。"柔能制刚"是合气道技法的精髓所在。

四、合气道的竞赛规则

合气道的竞赛规则如表6-2所示。

表 6 - 2　合气道的竞赛规则

竞赛开始与结束	竞赛者相互敬礼即开始计时,竞赛完毕后双方回到原开始之位置互相敬礼即停止计时,竞赛结束
竞赛评分	裁判员视竞赛过程中双方所表现之气力、正确度、逼真度及风度按百分比评分,决定其优劣
扣分标准	时间扣分、技术扣分
竞赛时间	基本技法与应用技法为六十秒,不得少于五十五秒或多于六十五秒。自由技法为四十秒,不得少于三十五秒或多于四十五秒,套路须二分钟内完成
竞赛项目	1.技法项目(属团体),包括基本技法(一对一)、基本应用技法(一对一)、自由技法(一对一); 2.套路项目(属个人)

第三节　空手道

一、空手道的发展概述

空手道是日本传统格斗术结合琉球武术唐手而形成的,其中包含"踢、拿、摔、投、锁、打、绞、逆"等技术,有些流派还练习武器术。空手道分为传统派(寸止的组手)与全接触空手道(极真空手道);竞技比赛形式分为两种,即套路赛"型"和对抗赛"组手";流派分为五派松涛流、刚柔流、糸东流、和道流、极真会。

空手道的雏形为日本冲绳唐手术,是一种以当地古代武术为基础,吸取中国传统武术,以自身的身体当武器,赤手空拳强身抗敌的民间武术运动。20世纪20年代,在日本"空手道之父"船越义珍的指导和推动下,冲绳唐手术得到迅速发展。日本昭和初期,在镰仓圆觉寺古川大师的推荐下,为区别与中国武术的不同,取"唐手"的同音字"空手(日语发音)",表示空拳之意;同时,为体现注重武道精神方面的作用,又加上了一个"道"字,正式改"冲绳唐手术"为"大日本拳法空手道"。

日本空手道主要分为学校空手道、社会空手道、竞技空手道三个类群,由全日本空手道联盟管理与运营。全日本空手道联盟的组织受日本体育协会直接管理,由日本奥林匹克委员会间接管理。如今,世界上有两个空手道权威组织,即世界空手道联盟和国际空手道联盟。世界空手道联盟成立于1970年,是国际奥林匹克委员会承认的唯一的世界级空手道组织;国际空手道联盟于1968年成立,该组织主要是以极真空手道为主联合当前世界各国遵从全接触式空手道会馆所结成的联盟。

二、空手道的搏击理念

(一)技术简单易学

空手道的每一招每一式都直接应用于实战,具有极强的实用性。它是以踢、打、摔三种基本技术为核心,有"型""组手"等运动形式。

(二)比赛规则简明合理,讲求点到为止

空手道的比赛规则简单,易于习练者和观众接受,讲求寸止,提高了安全性。

（三）以礼始以礼终的道德教育

空手道宣传其对人格的锻炼作用和对人勇敢、果断、机智、自信、博爱等方面的性格形成，并且以礼始以礼终。

（四）完善的段位制体系

空手道段前分为10级，使空手道习练者在一级的晋升当中体会到习练空手道的成就感。

（五）道馆式传播模式

道馆式空手道推行大众空手道，以健身、防身自卫为主要目的，统一的模式利于空手道协会对其集中管理，扩大影响力。

三、空手道的技术特征

空手道"组手"运动的根本核心是"安全"，根本思想是"控制"，核心思想是"击而不伤、点到为止"。空手道"组手"所有的攻击技术都必须控制住，不能直接接触，仅在离对手允许击打部位的一寸处停住，如果是过度接触，都会被处以警告、犯规。空手道的技术学习主张"正戈之道、止戈之道"，所有的动作都是以技术格斗为核心，要求"快、狠、准"及注意效果，但需保证"控"的距离。

空手道是不使用任何器械，有效利用身体各个部位进行徒手格斗的技术。空手道的特点就是简洁实用，它是以踢、打、摔三种基本技术为核心，通过"型""组手"等运动形式，培养人的精神和意志，增强人的体魄和技艺，完善人格的体育运动。"型"类似于武术中的套路，而"组手"类似于武术散打运动。

四、空手道的竞赛规则

空手道的竞赛规则如表6-3所示。

表6-3　空手道的竞赛规则

竞赛办法	含复活赛的淘汰赛、循环赛赛制
服装	空手道道服
体重分级	1.男子分组。轻量级：65 kg以下；中量级：65～75 kg；重量级：75 kg以上。 2.女子分组。轻量级：52 kg以下；中量级：52 kg以上
成绩决定方式	1局累计记分制
示分方式	明分制
评分原则	主裁主导
裁判员	每场比赛的裁判小组包括一名主裁、四名边裁和一名赛事监督
得分标准	符合得分标准的上段踢，得3分；任何一个有效的得分技术施加于被摔倒或自己滑倒的对手之上时，得3分；符合得分标准的中段踢，得2分；符合得分标准的中段、上段击，得1分
禁击部位	手臂、腿部、裆部、关节、脚背

有效部位	头部、脸部、颈部、胸部、腹部、背部、胸腹侧面
比赛时间	成年男子和女子组手比赛每回合的时间为 3 分钟（团体赛和个人赛相同）
允许技术	拳法、腿法、摔法
拳法允许技术	拳背、拳正面
腿法允许技术	脚踝以下部位
摔法允许技术	支点不得高于腰部位置
拳法得分标准	上段、中段的击打，1 分
腿法得分标准	上段踢击，3 分；中段踢击，2 分
摔法得分标准	施展摔倒或已摔倒对方身上任一有效动作，3 分
裁判员（礼仪）	鞠躬礼
运动员（礼仪）	鞠躬礼
护具	经世界空手道联盟认可的拳套、牙套（护齿）、躯干护具（所有选手），女性还必须佩戴护胸

第四节　巴西柔术

一、巴西柔术的发展概述

巴西柔术是建立在充分了解人体运动机理及要害部位的基础之上，运用力学原理，让对手屈服或耗尽其体力的一种深奥武学。巴西柔术的技术和策略建立在对地面打斗的研究之上，更强调使用全身的力量产生杠杆力，对肩、肘、膝等大关节运用关节技。

1914 年，柔术大师前田光世将日本柔术传授给了格雷西家族。格雷西家族的成员通过没有规则和时间限制的真枪实战的训练，"以小克大"的克敌方法，改进和发展了柔术。1925 年，格雷西学校在里约热内卢建立，之后逐渐扩大影响，在巴西本土的比赛中出尽风头。1993 年，罗伊斯・格雷西在第一次终极格斗大赛（Ultimate Fighting Championship，UFC）上过关斩将，赢得冠军，甚至在不到 1 分钟内就使对手认输，之后接连夺得三次终极格斗大赛桂冠，这使得巴西柔术声名鹊起。之后，北美最大的综合格斗（Mixed Martial Arts，MMA）赛事、终极格斗锦标赛（UFC）、极端格斗（Extreme Fight）、世界格斗锦标赛（World Combat Champion）和实战武术比赛（Martial Arts Reality）都为巴西柔术练习者所掌控。

二、巴西柔术的搏击理念

（1）"熔炉式"文化：巴西柔术融合了多个国家的格斗技术。现今的巴西柔术无论技术特征、比赛规则及运动服装等，都是多元文化的一种表现。

（2）礼仪文化：在巴西柔术凶狠的格斗技术背后，有着重要的礼仪文化内涵。

（3）格斗文化的凸显：巴西国家的体育文化内涵包含巴西柔术和足球。

（4）世界武术文化价值：许多国家的军警都练习巴西柔术，并将其运用于作战、执法；对传统武术文化的突破式创新,以地面缠斗、锁固肢体新形态突破传统站立式击打武术。

(5)格斗运动中至关重要的技术:世界水平最高的综合格斗赛事(UFC)的大部分选手都习练巴西柔术并具有较高的段位。

三、巴西柔术的技术特征

对于巴西柔术的选手而言,需要通过抱、摔、缠斗等方式将对手引向地面,然后使用击打、关节技、绞杀技等多种手段,降伏对手。巴西柔术强调在地面格斗中的控制权,技法多以大肌肉群对抗小肌肉群的大关节锁捆为主,缺少小关节技术,更强调通过起桥等训练加强核心肌肉群的力量。

(1)特有的地面技术:在无限制格斗之中都会尽可能地把对手拖入到地面战之中。在倒地之后,会极大地缩小身高、体重、臂长等身体上的差距,无论对手的拳法、腿法或者肘膝多么犀利,都会无从施展。

(2)力学原理与格斗的结合:更重视"巧力"的运用,核心地面技术中的腕挫十字固锁、掰压锁脚、提拉锁颈等都是力学中杠杆原理的很好体现。

四、巴西柔术的竞赛规则

巴西柔术的竞赛规则如表6-4所示。

表 6-4　巴西柔术的竞赛规则

允许技术	压制、窒息、反关节、绞技、投技
允许摔技	投技(绊扫技术、浮固技术)
摔技得分标准	背部着地、两脚着地,得2分;非背部着地,压制对手与身子下位三秒,得2分
地面技	骑乘、背后控制、摆脱防守
禁用技术	拳法、腿法、膝法、肘法
攻击部位	四肢、背部、腹部、颈部
禁击部位	后脑、裆部
得分标准	4分、3分、2分、优势
罚则	初次犯规,口头警告;二次犯规,对方获得有利;三次犯规,对方获胜
有效动作	任何压制对手并使对手无法移动的动作、窒息技术、反关节技术,以及使用投技使对手摔倒的动作都将视为有效动作
取胜条件	通过降伏技使对手投降,如不能降服对手,选手靠得分取胜。得分根据能否取得控制的姿势来判定;即使之前失去许多分,若是制服对手也能赢得比赛

第五节 摔跤

一、摔跤的发展概述

摔跤,可解释为摔倒在地上、竞技体育运动项目。它是两名运动员徒手相搏,按一定的规则,以各种技术、技巧和方法摔倒对手。国际式摔跤包含古典式摔跤、自由式摔跤、女子摔跤。自由式摔跤产生于 18 世纪末,是一种相对比较自由的摔跤模式,且这种摔跤形式一直被称为"想抓哪就抓哪"的自由运动,具有一定程度的对抗性、激烈性以及观赏性。

摔跤被公认为世界上最早的竞技体育运动,希腊、埃及、中国以及日本等国家的古代文明中都有摔跤的文字记载。古代奥运会在公元前 776 年诞生之时,摔跤就是其中的一项比赛,而且一直是历届奥运会的比赛项目。

二、摔跤的搏击理念

(1)竞技体育教育价值:在古希腊,摔跤是一项倍受欢迎的运动,也是各级学校的必修课,自公元前 708 年第 18 届古奥运会起,摔跤就被列为单独进行的比赛项目。

(2)竞技摔跤的身体教育价值:早在古奥运时期,摔跤就被誉为"最完善、最全面、最协调的一项运动,被认为是全部体育运动的结晶"。

(3)竞技摔跤的心理教育价值:从降体重的方式来看,无论是长时间枯燥的有氧运动,还是选择蒸桑拿、忍受饥渴,都极大地考验和锻炼了运动员个体的自控能力、忍耐能力和承受孤独的能力。同时,竞技摔跤能缓解压力,减少抑郁,培养人的竞争意识和挑战精神。

三、摔跤的技术特征

(一)自由式摔跤技术特征

自由式摔跤运动员在竞赛过程中最主要的是做身体上的对抗,一般当双肩触地时就能得分,运动员的主要目的是破坏对方的身体重心。在目前的自由式摔跤竞赛中,摔跤的模式主要有两种,一个是跪撑式,一个是站立式。

站立姿势的技术特征:在正式的自由式摔跤比赛当中,无论运动员是在进攻还是在防守,双手双脚保持在什么样的姿势,都要将站架维持最低,并且不能随意的变化。

跪撑式技术的防守要点是对滚桥式以及交叉抱小腿技术的运用,而滚桥式以及交叉抱小腿技术的要点就是在防守与进攻当中,正确地把握位置,否则很容易会被对方获得分数。

(二)女子摔跤技术特征

在女子摔跤比赛中,站立技术的使用频率高于跪撑技术,这是由于站立技术具有节省体能、减少失误发生概率等特点。在自由式摔跤竞赛规则不断改变的前提下,应鼓励运动员积极主动地运用进攻战术,摒弃相对保守的防守反攻比赛形式。

(三)古典式摔跤技术特征

(1)对抗性:摔跤运动的赛前训练在训练强度、训练密度以及训练量等方面都有较高的要求,相对于其他项目来说,摔跤运动项目的对抗性特征更明显。

(2)力量性:在古典式摔跤比赛中,力(核心力量)是古典式摔跤运动员首先具备的基本要素。古典式摔跤运动员的力量不是蛮力,而是充满技巧的力量。

（3）灵敏性：伴随比赛中的多变情况，古典式摔跤运动员要求身体素质过硬，要有坚实的下盘，也要有如灵猴一般的灵活，还需有猎豹一样的敏捷，身体的各个部分必须完美配合。

（4）综合性：完整地衡量古典式摔跤运动员力量、速度、耐力、柔韧、技战术等方面的能力。

（5）专项性：不同年龄层次的运动员，需要定制不同的标准，并且在实战中不断地完善和改进。每一项训练都需要从实际出发，不可公式化，否则将走弯路。

四、摔跤的竞赛规则

摔跤的竞赛规则如表 6-5 所示。

表 6-5　摔跤的竞赛规则

项目	男子古典式摔跤	男子自由式摔跤	女子自由式摔跤
体重分级/公斤	60,67,77,87,97,130	57,65,74,86,97,125	50,53,57,62,68,76
攻击部位	腰部以上部位	腿、躯干、手臂、肩部	腿、躯干、手臂、肩部
禁击部位	禁止抱握对手腰以下部位、做绊腿动作以及主动用腿动作	阻止运动员抓或锁对手的手指	禁止双腋下握颈，阻止运动员抓或锁对手的手指
比赛结束（技术优势胜利）	出现 8 分分差；比赛中无论何时出现双肩着地，该场比赛立即结束	出现 10 分分差时，比赛结束（锣声响时开始的动作无效；锣声和哨声之间完成的动作无效）	出现 10 分分差时，比赛结束
弃权	负伤、事故、消极		
竞赛性质	个人、团体		
竞赛办法	比赛编排是依据随机抽签的号码大小进行排列的。第一天：资格赛，淘汰赛；第二天：复活赛，决赛		
参赛资格	持有国际摔跤联合会的运动员证书（在国际比赛发生意外时，该证书可作为参赛运动员医疗费用的保险使用）		
服装	连体摔跤服		
裁判员	1 名执行裁判长，1 名场上裁判员，1 名侧面裁判员		
仲裁委员会	有		
监督委员会	有		
犯规	所有禁止行为和禁止情况		
暂停比赛	运动员事故、紧急情况、非人为情况（一只脚的全脚掌踏入保护区且没有技术动作；在角斗过程中，运动员的 3 只或者 4 只脚踏入橙色区，停顿在那里不使用动作；跪撑状态，防守运动员头部接触保护区）		
比赛时间	每场比赛 2 局，每局 3 分钟，中间休息 30 秒；在成年比赛中，计时器上的时间应从 6 分钟开始，到 0 结束		

获胜方式	双肩着地；受伤弃权；被处以 3 次警告或在古典式比赛时 2 次腿部犯规；弃权或被取消比赛资格；技术优势；得分获胜（两局分数累积以 1 分或 1 分以上分差获胜）
允许技术	站立式、跪撑式
得分标记	侧面裁判员应在运动员比赛最后的制胜动作获得的分数下面画一横线；在运动员逃出界外、使用犯规动作、使用野蛮动作等受到警告时，侧面裁判员应在场上记录表中受警告运动员一栏内记录一个"O"符号。判罚消极和"30 秒强制进攻"时，应在相应运动员计分表格内填写"P"。口头警告记录一个"V"。在胜方运动员比赛最后双肩着地（FALL）动作的获分上要画一个圈
得分标准	1 分、2 分、4 分、5 分
获胜标准	只要一个运动员在比赛过程中做到两个 3 分的动作，那么不管对手有多少得分都无法赢得比赛。如果对手之间的积分相等，那么根据其他的评判标准决定获胜者，如果其他评判标准也相等，最终的获胜者就是比分领先的运动员
比赛判罚	裁判给予消极竞赛的运动员一个警告以及罚 1 分，并且比赛是由站立姿势展开的
难度动作分	5 分
摔法使用	一方将另一方摔成不同姿势（手、膝、肩不同着地姿态）
胜负判定	得分获胜（两局分数累积以 1 分或 1 分以上分差获胜）
裁判员礼仪	握手致意
运动员礼仪	握手致意
裁判器具	裁判哨、裁判手势

第六节　击剑

一、击剑的发展概述

击剑运动是一项以速度、耐力为主要特点的具有对抗性、开放式的运动项目。击剑运动要求在快速、复杂多变的对抗格斗中完成系列的攻防动作，而这些动作都是以运动员的力量、柔韧、协调以及速度、耐力等为基础的。

击剑运动被称为"格斗芭蕾"，因为其具有深厚的文化底蕴，始终都作为欧洲上流社会的时尚运动，并且随着击剑运动的不断发展，在全世界范围内都拥有着众多爱好者和拥护者。击剑运动作为一项小众运动，在国内起步较晚，直到 1999 年在北京才有第一家击剑俱乐部。2008年北京奥运会，随着仲满代表中国夺得击剑运动的奥运会金牌后，这项运动逐步进入国人的视野中。

击剑运动真正得到全面的发展还是在法国亨利三世和亨利四世时期。1776 年，法国著名击剑大师拉布瓦西埃发明了面罩，这一发明使击剑运动进一步走上了高雅道路。人们戴上面罩、手套，穿上击剑服，就可以安全地进行一连串的攻防交锋。面罩的问世是击剑运动发展的一个里程碑。法国成为当时欧洲击剑运动的发展中心。19世纪初,在拉夫热耳的倡议下,爱好者们将花、重、佩这三种不同式样的剑的重量再加以减轻,同时对一些技术原理及战术意义进行深入研究,并且在一些欧洲国家经常开展竞赛活动。击剑运动由此逐渐成为国际性的体育竞赛项目,并成为奥林匹克运动大家庭中的一员。

二、击剑的搏击理念

(1)器械性:保障人身安全的护具将击剑这一活动变成一项零伤亡的体育运动,使击剑具有娱乐性、健身性和观赏性。

(2)竞技性:击剑充满了竞争与对抗的内涵,几乎每个技击动作都是以速度、力量、体能为竞争的核心。

(3)本体性:击剑的体育化体现着习剑人的本体性,击剑中常常涉及"精、气、神"这类概念。

三、击剑的技术特征

(1)快:在竞技比赛中,运动员要具有快速的反应能力、观察能力以及判断能力,在发现对手的动作意图之后要通过速度快、变化快、转换快的方式有针对地应对。

(2)准:具有自我控制目标的精准性,判断对手动作、节奏以及距离、时机的精准性。

(3)狠:具有果断性,在比赛中要抓准时机,果断出击,在最后的时刻要做到"凶狠"。

(4)变:运动员必须要具有灵敏的判断能力,通过灵活多变的战术以加强对动作速度、力量、线路以及目标、节奏的协调与控制,在不同的比赛中要分析具体的运动轨迹与角度,根据实际状况合理分析。

四、击剑的竞赛规则

击剑的竞赛规则如表6-6所示。

表6-6 击剑的竞赛规则

礼节	欧洲骑士举剑式礼
持兵	单手持兵
对抗形式	以站立式为主
进攻动作	以劈刺为主
击打范围	攻击范围小
兵器	细钢条状兵器
护具	铁制面罩头盔,导电的击剑服

第七节 剑道

一、剑道的发展概述

剑道是对抗双方穿着护具,手持竹刀或木刀,在木质地板上赤脚对打,按规则击打有效部位,最后由裁判记点数判胜负的运动。剑道是古代武士用来保家卫国、防御外敌的主要技能之一。它起源于古代中国,后传至日本,并经研习修改而成独特的刀法技术。剑道直到 19 世纪末才逐渐改用竹刀、穿着护具,通过击、打、刺、避、挡等招式进行格斗对抗,从而逐渐演变成现今的剑道运动。

二、剑道的搏击理念

(1)坚守剑道精神的文化传承:通过剑道将自己的民族精神表现在训练场上,主张进攻,提倡进攻就是最好的防守。日本剑道正是在不断吸取、探索中产生的,推动着剑术由"实用之道"向"体育竞技"转变。

(2)对人的教育价值:剑道作为一种手段,是具有鲜明的身体活动特性的人体文化;在弘扬剑道强身健体、娱乐身心的同时,让练习者从中学会基本礼节和礼仪。

(3)多方力量协同参与剑道的持续发展:日本剑道联盟每年都会举办多类型、多层次的大型赛事,统一的竞赛制度、成熟的技术体系吸引着各个年龄阶层的运动员积极参与,满足着运动员的参赛需要和群众的观赛需求。

三、剑道的技术特征

(一)体系内容

(1)基本招式:劈、刺、击打、拨打、缠答、缠刺、劈击、挑击、压打、滑击、落体技、擦、打、拂、劈、粘引、挑剑、推压、拔剑、格、扣打、落击、挡、架、拔击、操、捌、滑、押、划、制刀、诱惑技、肩冲、掠过。

(2)步型:自然步、八字步、四股步、骑马步、前(后)屈步、攻击步、猎足步、战步。

(3)步法:跨步、踏步、斜步、侧步、闪步、退步、步足、摺足、送足、开足、继足。

(4)防守技术:擦、打、拂、劈、粘引、挑剑、推压、拔剑、格、扣打、落击、挡、架、拔击、操、捌、滑、押、划、制刀、诱惑技、肩冲、掠过。

(5)进攻技术:劈、刺、击打、拨打、缠答、缠刺、劈击、挑击、压打、滑击、落体技。

剑道体系内容如图 6 - 2 所示。

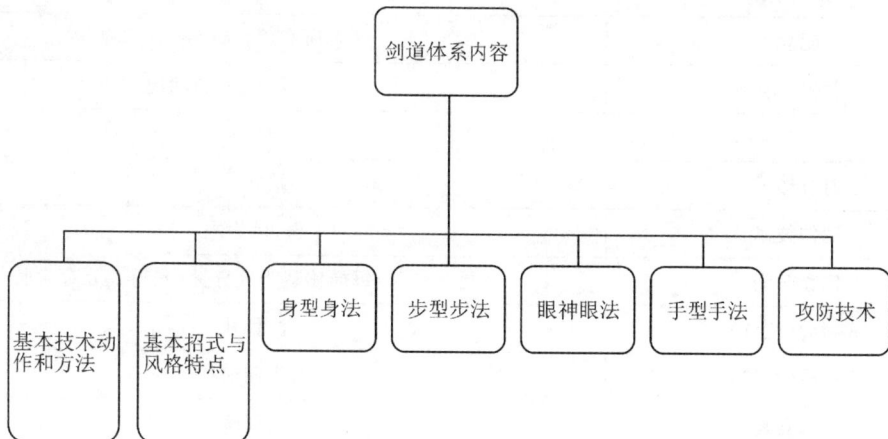

图 6 - 2　剑道体系内容

(二)技术特征

日本剑道技术动作为简单、凶狠的劈刀和突刺,以进攻为主、防守为辅,并以击败对手为制胜目标,勇往直前、强攻硬取是日本剑道的主要技术特征。

(1)对抗性:对抗双方按规则击打有效部位,最后由裁判记点数判胜负。

(2)大众化:不受年龄、性别限制,只要手能持刀就能参与。

(3)哲学内涵深远:讲究剑、气、体三者合一,以静制动、以不变应万变、后发制人等。

四、剑道的竞赛规则

剑道的竞赛规则如表 6-7 所示。

表 6-7　剑道的竞赛规则

竞赛性质	团体赛、个人赛
竞赛办法	淘汰赛
参赛资格	无具体规定
服装	剑道服
体重分级	无
弃权	负伤、事故
裁判员	裁判长、裁判员、场外辅助人员、裁判主任(设置两个以上场地时)
得分标准	击中有效部位得分
禁击部位	躯干以下
有效部位	头部、前臂部、腹部、咽喉
击打范围	较小
胜负判定	先得 2 分或规定时间先得 1 分
犯规	所有禁止行为
暂停比赛	运动员事故、紧急状况
持兵	双手
对抗形式	站立式
动作技术	劈、刺为主
比赛时间	3 局 2 胜制,每局比赛为 5 分钟,先得 2 分者为胜
裁判员(礼仪)	注目礼
运动员(礼仪)	点头鞠躬礼
裁判器具	裁判旗
护具	头盔、手套、护甲、腰垂、剑道衣、剑道裙、面罩、头巾、手套等护具
比赛器械	竹刀

第八节　泰拳

一、泰拳的发展概述

泰拳发源于泰国。泰拳的独特之一就是运用四肢的拳、肘、膝和脚等 8 个攻击部位,从不同的角度打击人身体各处要害部位,因此也被称为"八臂拳术""八条腿的运动""八肢的艺术""八体的科学"。

泰拳的历史演化过程可分为四个阶段,即徒手时期、缠麻时期、戴拳套时期和泰拳时期。

(一)徒手时期

1590 年,纳黎萱任暹罗王,他多年用兵,并将手搏列为军训项目,谓之"盘南"。

(二)缠麻时期

18 世纪前后,暹罗"手搏"改用双拳缠麻格斗,这被后人广泛视为现代戴拳套的泰国拳原型。这一时期,打眼、撩阴毒招被允许,拳师重伤至死的事件屡有发生。

(三)戴拳套时期

1928 年,泰拳比赛由传统的缠麻形式改为较为安全的西方国家戴拳套形式进行。

(四)泰拳时期

20 世纪 40 年代,暹罗改称泰国,暹罗手搏也改称为"泰拳"。

二、泰拳的搏击理念

(1)动作简练、注重实效:泰拳竞赛规则规定"能够削弱对手的能力"的进攻才能得分,防守反击、硬打硬攻是其主要的战术意图。

(2)战术意图明显:泰拳手多采用对攻的形式重力击打或贴近对手运用"内围"技术重创对手的方式进行比赛。

(3)具有较强的观赏性:立体进攻,无所不用,攻防合璧,进退如一。

(4)抗击打性好,强调击打力度:泰拳手从七八岁时开始训练,并且经常在齐胸的水里练功,用腿踢芭蕉树、双臂夹树跑等,所以他们的抗击打性好,且强调击打力度。

三、泰拳的技术特征

(1)拳法:直拳、横拳、摆拳、勾拳。

(2)腿法:前蹬腿、后蹬腿、扫踢腿。

(3)肘膝:横击肘、直击肘、下击肘、反肘、盖肘,冲膝、横撞膝、侧膝、上顶膝、飞膝。

(4)摔法:托脚摔、搂腿摔、绊扫腿摔。

泰拳的缠抱技术主要是破坏对方的拳桩,最典型的就是箍颈的技术,即泰拳手用双腿和对方的颈部,形成一个相对稳定的三角形,使对方跑不掉,且暴露在泰拳手的膝法攻击范围内,对方必遭重创。泰拳的缠抱有时还可破坏对手的平衡稳定(并非摔倒),然后在敌被我顺的情况下发动连续的攻击。

四、泰拳的竞赛规则

泰拳的竞赛规则如表 6 - 8 所示。

表 6 - 8　泰拳的竞赛规则

得分标准	1分、不得分。凡击中、踢中或膝肘撞中对方，或以任何行动使对方能力削弱而不犯规者，均可记1分。每回合胜者得5分，负者得3~5分
胜负判定	每回合中，任何一方获得10分即作胜论，每场比赛结束统计5个回合中得分最高者为胜方。被击倒10秒不起，作败论。被击出擂台之外，负1分，10秒而未能及时返回，作败论
比赛时间	每场比赛5个回合，每回合限时3分钟，休息2分钟
允许技术	拳法、腿法、肘法、膝法
每场胜负评定	5个回合中得分多者为获胜方
禁击部位	裆部、颈部、后脑
技法得分标准	运用允许技术击中有效部位一次可得1分；方法不清楚，效果不明显不得分
攻击部位	大腿、躯干、头部
犯规罚则	提示、劝告、警告、取消比赛资格
赛制	5个回合每回合3分钟，中间休息2分钟，累计得分
禁用方法	摔
比赛护具	护齿、护裆

第九节　综合格斗

一、综合格斗的发展概述

综合格斗运动（MMA），是一种规则极为开放的竞技格斗运动。它在比赛时允许运动员使用拳击、跆拳道、柔道和摔跤等多种技术，被誉为搏击运动中的"十项全能"。

综合格斗运动可以说是人类最古老的运动，公元前648年，古希腊时期的第三十三届奥林匹克运动会就出现了名为 Pan kratio 的格斗运动。古代格斗比赛以无规则和血腥著称，比如古罗马斗兽场的角斗士，进行角斗、人兽斗。比赛时，选手常常是使用任何格斗技术甚至是器械进行生死搏斗，参赛选手往往要以付出生命为代价。

美国是综合格斗运动的强国，拥有具有世界影响力的终极格斗大赛 UFC。亚洲的日本也是综合格斗运动强国，日本 K-1 踢拳比赛和 PRIDE 比赛都是世界著名的 MMA 赛事。一般情况下，PRIDE 每月都会在日本举行一次比赛，通常都能吸引数万名观众到场观看。

二、综合格斗的搏击理念

（1）技术的综合性和比赛的精彩性并重：MMA 是一种规则极为开放的竞技格斗运动，可使用柔术、拳击、空手道等多种技术，其比赛场面十分精彩。

（2）比赛激烈，对抗与安全性完美融合：随着竞赛规则的不断完善，现代 MMA 已成为一项安全性很高的运动。

（3）规则的标准化与运动国际化相结合：MMA 运动规则体系标准化、科学化以及人性化，且按体重分级别举办比赛,有利于组织更多的比赛,产生更多的冠军,有利于该项运动的国际化推广。

三、综合格斗的技术特征

(1)地面技术:巴西格雷西柔术超越体重级别,以小胜大,称雄早期 UFC 擂台。

(2)柔术系、打击系、摔跤系格斗技术三足鼎立:力量和体格型选手很快被技术派所超越,并成就了打击系技术选手的辉煌。

(3)全面对抗,综合格斗技术一体化:跨界训练,选手要练习不同的技术,再选出自己适合哪些技术,从而再集中训练,最后找出最适合自己的风格。

四、综合格斗的竞赛规则

综合格斗的竞赛规则如表 6 - 9 所示。

表 6 - 9　综合格斗的竞赛规则

禁击部位	明确认定了后脑位置,规定不允许打击从头顶到颈椎的中心线和左右各一英寸的部位
肘击	除了规则禁止击打"后脑、脊椎"等部位外,任何肘法技术都可以运用
明确禁止有意用手使对手窒息的行为	除了使用绞技时胳膊无意盖住对手的嘴的行为外
膝法	不允许使用膝部技术攻击倒地的对手
体重级别	划分体重等级,将 MMA 运动的体重级别增设到 14 个
关于业余 MMA 举办的规则、赛制等	业余比赛中可以根据实际情况穿戴防护器具
比赛时间	不限时间
禁止动作	不允许踢裆插眼
判定胜负的方法	对手拍地认输;教练员扔白毛巾认输;场上裁判员认定其中一方失去战斗能力无法继续比赛;KO 胜、优势胜利、医生终止比赛、对手弃权、分数评定或者取消比赛资格

第十节　截拳道

一、截拳道的发展概述

截拳道是全真全能的终极格斗街头自卫术,被业内人士公认为是综合格斗(MMA)的鼻祖与雏形。截拳道以中国武术为基础,混以跆拳道基本腿法、古泰拳肘膝技术、柔道的投摔技术、柔术的地上控制降伏技术以及极真空手道的部分技法等技击技术,并采纳了西方格斗形式的力量训练方式,形成了其特有的实战格斗体系。

截拳道"截"的意思是"阻止、偷步接近并且拦截";拳的意思是"拳头、腿及肘膝等人体武器或者打斗的风格";道的意思是"方法、规律、途径"。

李小龙的武学思想是指李小龙对武术运动(主要是对其自创的截拳道)的认识和理解,及其升华而成的理论。

（1）以无法为有法，以无限为有限：哲学的高度，并为后人树立了一种敢于怀疑、敢于突破传统的创新精神。

（2）简单即效率，简单即实用：强调实战时应当机立断，制敌为先。只求目的，不论架势，只求身体四肢对力的发挥与运用，不拘泥于死板的拳法。

（3）犹如水性，道法自然：截拳道的精神，就像水一样能适应任何打斗形式，不囿于传统理论或规条，所有防守和攻击皆无须预定方案，全凭临场发挥。

（4）注重精神训练，调动人体潜能：以"常人的体能发挥最大效果"，从而达到提高搏击攻防威力的目的。

二、截拳道的搏击理念

（1）"超越"的美学理念：永不满足（李小龙在武道方面广泛接触，虚心接受不同派别优点），挑战极限（截拳道练习时，常进行拳速练习，如击打多层报纸，贴身短捶常要求一秒钟拳速达到7、8拳）。

（2）科学美：截拳道精简、直接、非传统的特点适合防身自卫者快速掌握，长期练习，兼修身心双重锻炼。

（3）技巧美：截拳道的技巧表现为以简驭繁，动作直接，破除传统武术的动作条框，打破顺序与常规，以应用主义的思维进行动作处理。

（4）儒家中和之美：在截拳道的技术目录中，包含了不止十余种中西经典武学技术，如中国的咏春拳、太极拳、硬螳螂拳、蔡李佛拳、洪拳、鹤拳、白眉拳、形意拳、北派弹腿、传统摔跤、八卦掌、华拳、鹰爪、查拳等，以及跆拳道、空手道、摔跤、柔术、柔道、剑道、菲律宾武术、泰拳等格斗搏击运动。

（5）刚柔并济之美：截拳道是同一肢体同一时间的圆直运动，符合刚柔并济的搏击理念，也更符合东方武术的特点。

三、截拳道的技术特征

截拳道是"截击对方拳头"的格斗术，这是一种没有套路、不限规则、漠视门派、紧贴街头巷战、科学防身自卫、从格斗实际出发的格斗理念，创始人李振藩用"精简、直接、非传统"三个原则来定义截拳道格斗方法的运用准则。截拳道的技术是在中国传统武术和格斗技巧的基础上加以归纳、提炼、精简、融合而形成的一套具备自有风格的武打技巧、防身自卫体系。

（1）中西经典武学技术：如中国的咏春拳、太极拳、硬螳螂拳、蔡李佛拳、洪拳、鹤拳、白眉拳、形意拳、北派弹腿、传统摔跤、八卦掌、华拳、鹰爪、查拳等，以及跆拳道、空手道、摔跤、柔术、柔道、剑道、菲律宾武术、泰拳等格斗搏击运动。

（2）刚柔并济：截拳道是同一肢体同一时间的圆直运动，如中线理论、攻守同步、连消带打、六门理论等。作为针对全情景的实战防身术，其各种训练方式针对速度（反应、移动、动作速度）、力量（渗透力、爆发力、阴柔力）、柔韧、协调性，俱是优秀的训练方式。

（3）截拳道套路：套路创编的内容包含其拳种的手型、手法、步型、步法、单练、对练。截拳道的基本拳法主要有截拳道直拳、左直拳、右直拳、翻背拳和勾拳，基本步法有滑步、侧步、闪步、疾步、快速前进和快速后退，基本腿法有侧踢、勾踢、扫踢、反勾踢和反击腿法以及拦截与格挡技法,此外还有一些诱敌、佯攻、戳击技巧等。

四、截拳道的竞赛规则

截拳道的竞赛规则如表6-10所示。

表6-10　截拳道的竞赛规则

有效的击打部位	1.头部的前面和两侧; 2.躯干的前面和两侧; 3.腿部和手臂,包括手和脚
禁止使用的技法	1.禁止使用双节棍戳击,双节棍棍绳绞法或缠法。禁止使用肘法和膝法,禁止打击裆部,头、颈后部; 2.第三局适用截拳道踢拳摔规则,即除使用双节棍攻击之外,选手可以灵活应用截拳道踢拳赛允许使用的踢拳摔相应技法配合攻击
有效的技术	1.一次清晰的踢/拳截击,且截击效果明显; 2.一次清晰的简单角度战术攻击,且打击效果明显; 3.一次清晰的渐近间接攻击,且打击效果明显; 4.打击使对方掉棍(自己掉棍属于警告范畴); 5.迫使对手出擂台且自己在擂台中
护具	必须佩带护头、护裆、半指拳套、护臂、护腿及其他规定的护具

第十一节　俄罗斯桑搏

一、桑搏的发展概述

桑搏是俄语的一种音译,译为自我防卫术,其含义为"不带武器的自我防卫术",又称俄罗斯擒拿术、俄罗斯防卫术、徒手防卫术。由于传统的桑搏主要以摔法为主,所以又被称为"俄式摔跤"或者"俄式柔道"。桑搏主要分为桑搏摔跤术、桑搏格斗术、极限桑搏术3个流派。国际比赛中只设有运动桑搏和格斗桑搏两项。运动桑搏是一种国际性的摔跤运动,融合了蒙古摔跤和日本柔道的技术特色,得分规则和摔技与现代柔道较为相似,但运动桑搏的关节技更为全面,特别是腿关节技是日本柔道没有的。格斗桑搏是一种综合格斗术,不仅可以用各种跌摔技,而且踢打技、擒锁技、地面技等技术样样俱全,又被称为"击打式桑搏"。

二、俄罗斯桑搏的搏击理念

(1)东西方武道内容的完美结合:借鉴具有东方文化特征的空手道、柔道、剑道等内容的日本武道和代表西方范式的武道内容的拳击、古典及自由式摔跤等格斗搏击项目。

(2)尚武善战的斯拉夫民族性格:桑搏运动在俄罗斯全境的广泛开展也很好诠释了俄罗斯的族群特征属性与国家文化特点。

(3)爱国主义与国家意识教育的突显:俄罗斯政府通过源于本土化的桑搏运动来强化国民的国家意识与激发国民的爱国主义精神。

三、俄罗斯桑搏的技术特征

桑搏是一种格斗综合运动,主要以摔跤、柔道技术为主体,所以在早期桑搏比赛中,都是以肢体的摔、投、绞等摔柔技术为内容,并且项目比赛规则以摔跤为导向而制定。随着时代的发展,综合格斗开始成为搏击的主体,单纯的摔柔技术已经显得单调,这个时候另一种桑搏应运而生——格斗桑搏。格斗桑搏是在传统桑搏内容基础上,加入了大量的踢拳技术,使桑搏格斗体系更加完善,从单一的摔柔项目转变成真正意义上的综合格斗技。随着格斗桑搏开始普及,其体系也在不断完善。桑搏在发展过程中不断吸取其他格斗技术来丰富自身的技术内容,时至今日,已经成了一种包含踢、打、摔、拿的综合格斗技术。在桑搏技术体系之中,除了格斗对抗、格斗技法外,还有着许多培养人体灵敏、柔韧及力量等身体素质练习的内容。

(1)竞技性:本质为搏击、摔打、对抗。

(2)娱乐性:通过桑搏运动体会摔打、躲闪、攻击、防守等技巧,在桑搏运动中巧妙地躲避和迎击对手,具有一定的娱乐性。

(3)健身性:锻炼者通过抱摔、踢打、缠绕等方式,进行体能、技巧等训练,是一种搏击类锻炼的新形式。

(4)防范性:与女子防卫术、散打等项目同属一个类别。

四、俄罗斯桑搏的竞赛规则

桑搏的竞赛规则如表 6-11 所示。

表 6-11　桑搏规则

得分标准	比分内容胜、注意胜、对方失掉资格胜
禁击部位	后脑,裆部
允许技术	拳法、腿法、摔法、肘法、关节技
拳合法技术	拳的任何部位,除了掌根
腿合法技术	膝、小腿、脚跟、脚
攻击部位	腿、躯干、颈部、手臂、腹股
罚则	两次使用不允许技术,取消资格,对方获胜

参考文献

[1]《武术教材》编写组.全国武术训练教材[M].北京:北京体育学院出版社,1991.

[2] 米杜索娃,安德利亚诺夫,契塔依基娜,等.竞技摔跤竞赛规则的变化对古典式摔跤运动员的影响[J].首都体育学院学报,2019,31(5):404-405.

[3] 柏祖刚,李致潇.合气道与太极拳的发展现状比较研究[J].当代体育科技,2013,3(31):111-112.

[4] 北京大学体育教研部.太极拳·剑入门捷径[M].北京:北京体育学院出版社,1996.

[5] 蔡莉,刘良辉.综合格斗运动MMA营销传播策略与发展前景[J].广州体育学院学报,2014,34(1):47-50.

[6] 曾庆国.关于跆拳道、空手道、柔道传播对武术传播的启示研究[J].教育现代化,2019,6(37):189-191.

[7] 柴会航.我国综合格斗运动的发展现状研究[J].当代体育科技,2019,9(17):223,225.

[8] 陈雁杨,关文明.李小龙武学思想探析[J].安阳师范学院学报,2011(5):41-44.

[9] 程志山.中国柔道运动实战技术训练理论与方法研究[D].北京:北京体育大学,2006.

[10] 初一.国际摔跤规则变化对摔跤训练的影响[J].青少年体育,2018(6):31-32.

[11] 崔弘扬.文化人类学视野下巴西柔术的起源、流变与传播[J].边疆经济与文化,2016(8):107-108.

[12] 戴小平,周金彪,陈亚斌.短兵技术标准化的研究[J].中华武术(研究),2015,4(1):6-17.

[13] 戴小平."四个自信"观下看短兵运动的发展走向[J].中华武术(研究),2017,6(7):24-33,60.

[14] 戴小平.武术短兵与击剑、剑道项目特色之比较研究[J].武汉体育学院学报,2010,44(5):71-74.

[15] 董鹏,程传银,赵富学.美国终极格斗锦标赛发展历程、经验及启示[J].体育文化导刊,2017(12):179-183.

[16] 董艺硕.武术与空手道对比研究[J].武术研究,2019,4(9):44-45,48.

[17] 段晓峰,赵子旭.看图学跆拳道[M].北京:人民邮电出版社,2015.

[18] 范海彪.泰拳技术特点的研究[J].首都体育学院学报,2007(5):126-128.

[19] 帕特逊.拳击秘诀[M].徐晋生,译.西安:陕西人民出版社,1984.

[20] 高谊,张惠欣.跆拳道[M].天津:南开大学出版社,2011.

[21] 高谊.跟专家练跆拳道[M].北京:北京体育大学出版社,1998.

[22] 耿海潮.日本柔道源流考[J].体育研究与教育,2017,32(4):54-57.

[23] 韩红雨,马振水,徐海龙.中国武术散打与世界搏击项目竞赛规则比较研究[J].河北体育学院学报,2006(1):86-88.

现代搏击运动

[24] 韩钧. 截拳道美学特征研究[D].天津:天津体育学院,2017.

[25] 郝云海. 柔道竞赛规则变化对柔道运动发展的影响研究[D].哈尔滨:哈尔滨体育学院,2019.

[26] 黄仁良.推手进阶[M].上海:上海科学技术出版社,2019.

[27] 霍羿伶,郭凌宇,杜杰.中国短兵与日本剑道竞赛规则比较研究[J].运动,2017(3):50-52.

[28] 李超,金成平.日本剑道发展经验及启示[J].体育文化导刊,2019(3):58-63.

[29] 李辰,陈宜成.武术短兵与剑道对比分析[J].中华武术(研究),2018,7(7):26-29.

[30] 李俊峰,崔华,岳庆利.徒手格斗对抗性项目分类及项目群时空特点研究[J].北京体育大学学报,2017,40(12):139-144.

[31] 李颖,王伟佳.通过"气"谈中日两国的养生观:健身气功与合气道比较研究[J].中华武术(研究),2017,6(12):80-84.

[32] 梁敏滔.东方格斗文化[M].天津:天津古籍出版社,2002.

[33] 梁勤超,李源,朱瑞琪.日本职业格斗赛事 K-1 研究[J].体育文化导刊,2016(7):100-104,142.

[34] 梁爽.警察院校开设桑搏课程的必要性研究[J].中华武术(研究),2014,3(10):62-65,33.

[35] 林大参,李玉清,吴建忠.大学跆拳道[M].上海:上海大学出版社,2015.

[36] 刘聪. 我国泰拳运动发展的困境与路径选择[D].武汉:武汉体育学院,2018.

[37] 刘明亮,高静,黄筠.中国擒拿与巴西柔术比较研究[J].体育文化导刊,2014(9):90-93.

[38] 刘卫军.跆拳道[M].北京:北京体育大学出版社,2000.

[39] 刘勇强,董平,杨震国.国际主流格斗术发展现状浅析[J].当代体育科技,2019,9(10):211-212.

[40] 骆红斌,刘军.大学跆拳道教程[M].北京:北京体育大学出版社,2010.

[41] 吕晓标,卫志强.我国空手道运动发展策略探析[J].体育文化导刊,2008(12):69-72.

[42] 吕晓健. 武术散打比赛边裁判员评判结果公开显示的可行性研究[D].北京:首都体育学院,2011.

[43] 马英楠. 如何进行青少年的柔道训练[J].体育世界(学术版),2019(11):93-94.

[44] 毛爱华.我国女子空手道组手运动员技术运用的特征分析:兼论空手道规则与武术散打规则的差异[J].中国体育科技,2013,49(5):112-119.

[45] 牛健壮,孙得朋,牛峥,等.从奥运会中摔跤、跆拳道及柔道项目的演变探究武术项目的发展趋势[J].西安体育学院学报,2015,32(2):191-195.

[46] 潘文华."健康中国"视域下柔道运动社会推广价值的审思[J].体育世界(学术版),2019(8):162,171.

[47] 潘瑶,郑琪琪.从泰拳与散打的对比研究析论散打的发展[J].运动,2018(10):42-43.

[48] 潘一. 探究击剑运动"快、准、狠、变"的技术风格[J].当代体育科技,2019,9(29):237,239.

[49] 曲莹玥.女子柔道项目的发展研究[J].成才之路,2019(18):47-48.

[50] 全国体育学院教材委员会.体育史[M].北京:人民体育出版社,1989.

[51] 全国体育学院教材委员会武术教材小组.武术[M].北京:人民体育出版社,1991.

[52] 史龙龙.以空手道的传播来探寻武术散打发展之路[J].武术研究,2019,4(1):49 - 51,56.

[53] 苏奕敏.WMA 消亡与《武林风》热播对武术斗赛事节目发展的启示[D].武汉:武汉体育学院,2016.

[54] 孙阔.日本武道之合气道[J].湖北广播电视大学学报,2010,30(1):156 - 157.

[55] 孙亮,李文亚,王林瑞.从现代散打运动与现代泰拳运动的对比分析看散打的发展[J].搏击(武术科学),2012,9(6):63 - 65.

[56] 孙巍,孟杰.刍议日本剑道与日本民族文化[J].当代体育科技,2015,5(29):251 - 252,254.

[57] 田金龙.太极推手入门[M].北京:人民体育出版社,1995.

[58] 田金龙.太极推手入门与提高[M].北京:人民体育出版社,1999.

[59] 铁斐祎.武术散打竞赛体系特色研究[D].上海:上海体育学院,2013.

[60] 佟庆辉.武术散打技法[M].北京:北京体育学院出版社,1987.

[61] 王大庆,张碧瑜.跆拳道[M].杭州:浙江大学出版社,2016.

[62] 王德新,樊庆敏.现代拳击运动教程[M].上海:复旦大学出版社,2012.

[63] 王荣泽.太极拳推手入门与提高[M].北京:人民体育出版社,2017.

[64] 王维.泰拳与中国散打技术特点比较[J].体育学刊,2002(3):52 - 54.

[65] 王现强,庞之东,何浩.论世界综合格斗技术演进及其发展趋势[J].运动,2016(6):7 - 8.

[66] 王智慧.竞技跆拳道[M].北京:人民体育出版社,2005.

[67] 魏坤梁.合步平圆单推手:太极推手入门、纠偏、提高[M].北京:北京体育大学出版社,2014.

[68] 吴永杰."爱的武术"合气道:以武搏会为契机显世界武搏运动之大观[J].体育科技文献通报,2011,19(8):112 - 113.

[69] 吴兆祥.怎样练好武术[M].合肥:安徽科学技术出版社,1987.

[70] 武冬.太极推手教程[M].北京:北京体育大学出版社,2015.

[71] 武术馆(校)教材编写组.全国武术馆(校)教材[M].北京:北京体育大学出版社,1997.

[72] 徐丽丽.2017 年柔道新竞赛规则对其项目发展的影响[J].运动,2017(5):54 - 55.

[73] 徐泉森,白晋湘.美国职业格斗赛事 UFC 研究[J].体育文化导刊,2013(11):128 - 130.

[74] 徐泉森,郭明磊."战斗民族"的格斗技:俄罗斯桑搏研究[J].辽宁体育科技,2019,41(5):88 - 92.

[75] 徐泉森.巴西柔术研究[J].体育成人教育学刊,2014,30(3):8 - 10.

[76] 许增博,姚舜禹.影响基层击剑运动开展的因素分析[J].当代体育科技,2019,9(29):192 - 193.

[77] 叶伟,李凤梅,吕晓健.散打与同类格斗项目竞赛评判方式的对比[J].首都体育学院学报,2012,24(5):434 - 437.

[78] 张琛.竞赛规则的改变对自由式摔跤技、战术的影响分析[J].当代体育科技,2018,8(4):172,174.

[79] 张雷.巴西柔术发展探究[J].体育文化导刊,2016(4):65 - 70.

[80] 张清瑞.大学体育[M].西安:西安交通大学出版社,1995.

[81] 张瑞林.跆拳道[M].北京:高等教育出版社,2011.

[82] 张伟瑞.谈竞赛规则的改变对自由式摔跤技、战术产生的影响[J].才智,2019(2):43.

[83] 张岩.高校跆拳道竞技教程[M].北京:旅游教育出版社,2017.

[84] 张长念,魏梓萌.日本武技国际推广对中国武术国际传播的启示[J].哈尔滨体育学院学报,2019,37(3):11-16.

[85] 赵光圣,刘宏伟.跆拳道运动教程[M].北京:高等教育出版社,2015.

[86] 赵建波,武冬.中日韩三国剑术(道)技术特征分析[J].北京体育大学学报,2017,40(7):132-138,145.

[87] 中华人民共和国体育运动委员会.武术竞赛规则[M].北京:人民体育出版社,1991.

[88] 中华人民共和国体育运动委员会.武术散手竞赛规则[M].北京:人民体育出版社,1996.

[89] 周勇.截拳道与泰拳技术风格对比探究[J].武术研究,2018,3(9):101-103.

[90] 朱金棒.自由式摔跤运动项目的技术特征[J].体育世界(学术版),2019(2):5-6.

[91] 朱磊,王宏,金玲,等.国家文化传承视域下民族摔跤的价值注解与历史使命[J].武汉体育学院学报,2019,53(10):63-68.

[92] 卓岩.公共体育课之跆拳道课程·跆拳道[M].成都:西南交通大学出版社,2019.

[93] 邹纪豪.全国普通高等学校体育教材理论教程[M].修订版.大连:大连理工大学出版社,1997.

[94] 邹颖."入奥"视角下空手道组手竞赛规则的变化及发展趋势研究[D].长沙:湖南师范大学,2015.